イチからわかる
学びなおし経済学

中矢俊博

日本実業出版社

はじめに

世間を見渡せば、現代社会には経済問題が山積しているのがわかる。テレビや新聞・ネットなどのマスメディアからは、毎朝毎晩、たくさんの経済ニュースが送られてくる。

その中でも、人々に一番関心が高いのが雇用問題だろうか。1990年代に入ってから日本の雇用形態は著しく変化し、パートタイム・アルバイト・契約社員・派遣社員などの非正規雇用が全体の約40%を占めるようになった。自ら望まず非正規雇用労働者になった若者は、年俸約200万円で自分の生活を送らなければならず、精神的なダメージを受けると同時に経済的自立を阻止される。低賃金と不安定雇用のため、住居なども親に依存せざるを得ず、結婚して独立することもできない。そのために、子どもも生み育てられず、少子化が加速する原因となっている。雇用の劣化が進んでおり、トマ・ピケティが『21世紀の資本』で展開した「経済格差」は日本でも確実に拡大している。

そのような非正規雇用が発生する原因を辿ってみれば、景気問題に行き着く。日本はこの20数年、バブル崩壊後のデフレ経済から抜け出せていない。安倍晋三首相が2012年末に就任して、デフレ脱却のために「アベノミクス」（三本の矢）という経済政策を実施し、企業業績にはかなりの改善が見られたが、依然としてわれわれの生活は良くなっていない。「円安」や「株高」で潤うのは大企業や富裕層だけで、中小企業は「円安」による原材料高で苦しんでいる。大企業は、業績改善による儲けを賃金アップに回さず、もっぱら「内部留保」として溜め込むだけで投資していない。２０２０年の東京オリンピックに向けて、景気回復を確実にするだけでなく、日本経済の本当の再生のためにも、大企業は設備投資や賃上げを実行すべきである。

日本の円とアメリカのドルとの関係も、景気に大きな影響を及ぼす。野田佳彦首相のときは、1ドルが80円台と高い水準が続いたので、各企業は産業の空洞化も省みず、安い賃金と原材料を求めてアジアに進出した。安倍晋三首相が、２０１３年の4月に黒田東彦《はるひこ》氏を日銀（日本銀行）総裁に任命してからは、黒田氏は2％の物価目標（インフレ・ターゲット）を設定し、大胆な量的・質的金融政策を実行する。それが原因で、金利が低下し円安となった。そのために、一部の輸出関連企業では収益が改善したものの、輸入関連企業の多くは輸入品の価格上昇のため苦戦している。金融政策だけでなく、すべての物事には良い面と悪い面がある。

さて、多くの人はあまり知らないし、知っていても協力しようとしないのが、日本の財政赤字問題である。毎年の財政赤字は35兆円を超え、これを20年以上続けているのだから、国と地方の長期債務残高は１０００兆円を突破した。これをピッグス（PIIGS）という財政状態の悪いヨーロッパの諸国と比べてみても、日本ほど長期債務残高の多い国は存在しない。そのために、日本の国債格付けは、アメリカやイギリスは言うに及ばず、中国や韓国よりも低い。ヨーロッパ諸国の消費税は20％以上が多いし中国でも17％なのに対して、日本は２０１９年に上げたとしても10％なので、日本の財政問題はこのまま続く。所得課税・資産課税・消費課税など、有権者に不人気な増税による歳入増加は難しく、高齢化で増大する社会保障費などの歳出削減は困難を極める。

目を世界に転じると、人口は爆発的に増加し73億人を超えた。この美しい地球（宇宙船地球号）には、何人の人が住めるのか。このまま人口が増加し続けたら、水や食料・エネルギーは大幅に不足し、地球環境も悪化するばかりである。世界で起きている紛争も、人口増による貧困や治安の悪化からくるものが圧倒的に多い。また、二酸化炭素の増加からくる地球温暖化は、喫緊の課題として人類に解決を迫っており、国連気候変動枠組条約第21回締約国会議（ＣＯＰ21）の行方に関心が持たれていた。結果は、すべての参加国（１９６カ国・地域）が地球の温暖化防止に向けて歩み出すことになった。

人口の高齢化も待ったなしである。日本では、65才以上の高齢者人口が３０００万人を超えて久しい。また、生産年齢人口は８０００万人を切り、労働力人口も約６５００万人となった。安倍晋三首相は、「アベノミクス」の新三本の矢政策で、２０２０年のＧＤＰを今より１００兆円増やして６００兆円にすると述べたが、誰がどうやってそれを実行するのか。中国の経済成長もかなり鈍化し、日本にマイナスの影響を与えることは必至である。ヨーロッパは解決すべき問題をたくさん抱えており、アメリカ依存の状態は当面続くことになる。高齢者と女性に活躍の場を提供しなければ、目標の達成は困難となるに違いない。

われわれは、自分の持っている時間のうち、最も活動的な時間（9時から5時ごろまで）を仕事に当てている。仕事を通じて賃金を得て、自らの衣・食・住を満たし、人間らしい生活を送る必要がある。だから、われわれの一番の関心事が雇用や景気といった経済にあるのは、当然のことである。そして、日々生活していくには、価格の動きに敏感にならざるを得ず、いかに良いものを安く買うかということが、多くの人に求められる。ケインズの師匠であったマーシャルが言うように、経済学は日常生活における人間の研究である。それは、生活必需品などの獲得と使用に関わっており、仕事の内容と仕事から得られる所得に関係している。経済学の知識がないならば、われわれは現代社会で賢く生きていくことはできないのである。

本書は、社会人になって経済学の必要性に気づき、もう一度、学びなおそうとしている人に向けられている。それゆえ、書名も『学びなおし経済学』となっている。経済学は、近年教科書化が著しく進み、経済現象を下から上へと見る「ミクロ経済学」と、上から下を見る「マクロ経済学」に分離した。家計や企業の行動を価格などの動きを中心に、「虫の目」で分析するのがミクロ経済学で、国民所得や経済成長などを全体として「鳥の目」で分析するのがマクロ経済学である。しかし、多くの経済学履修者は、通常「ミクロ経済学」から学び始め、完全競争モデル、消費者均衡モデル、企業行動モデルと続くために、「需要の価格弾力性」のあたりでギブアップする人がほとんどではないだろうか。

さて、本書の第1章では、われわれがどういう経済社会の中で生きているかを確認する。次に、偉大な経済学者を通じて経済学の目的を考察し、各経済社会体制の特徴を押さえる。さらに、資本主義のメリットとデメリットを指摘し改善点を論じたうえで、良い社会を模索してみる。第2章では、「ミクロ経済学」で取り扱う市場経済における価格の動き、需要と供給、価格の弾力性などについて簡単に学びなおし、第3章で「マクロ経済学」の中心問題である国民所得決定と経済成長を検討する。また、消費や貯蓄についても言及しておく。第2章と第3章は、少し理論が中心となるので、現実の経済問題に関心が強い人は、第1章を読了後は第4章へ移行しても構わない。その第4章では、景気とは何かを論じた後、様々な景気循環論を考察する。ここでは、超長期循環であるコンドラチェフの波を用いて、戦後日本経済の景気変動やその原因について分析する。それと同時に、2020年の東京オリンピックに向けて、日本の景気が確実に上昇していくと論じる。

続く第5章では、外国為替やTPPなど、人々に関心が高い国際経済を取り扱う。自由貿易の論拠となった比較優位の原理や為替相場の歴史を検討した後、為替相場の決定要因を論じる。第6章では、政府の財政や日銀の役割について考察する。財政とは何かを論じ、日本の現行税制の特徴や国債発行の問題点を検討する。また、最近脚光を浴びている日銀の役割についても言及する。第7章では、世界の人口問題を考察する。前半は、世界人口の現状や問題点を解明し、後半は人口理論などについて論じる。第8章では、日本の非正規雇用問題を検討する。少子高齢化を迎えた日本で、非正規雇用労働を放置しておくのは危険である。企業は、少し頑張って正規雇用を維持していくと同時に、入社した従業員を丁寧に教育すべきである。労使双方が協力して、夢のある日本をつくっていかなければならない。

また、本書の巻末には、本書の第1章から第8章までにおいて取り扱った（本文中では太字にしている）キーワードを、それぞれ50字程度でまとめて付録として掲載した。なお、この付録の使い方については、２４５頁を参照してほしい。

以上のような内容を持つ本書を最初から我慢強く読み、なんとか最後まで辿り着いた人ならば、「経済学の学びなおし」は完了したと言ってもよいのではないか。「知識は力」である。われわれは、経済学を学び、日々の行動に目を配ることで、誰もが積極的な市民として経済生活を行なっていくべきである。当然のことながら、日本政府が実施する経済政策に対しても目配せを怠らず、世界の経済情勢についても無関心であってはならない。また本書には、各章の末尾に合計19本のコラムを配しておいた。経済学はよく難解であると言われるが、これらのコラムを読むことで、皆さんの知的好奇心と経済学とがつながることを期待する。本書を読み切った人は、ここで確認した経済学の知識を生かし、経済社会で活躍されることを希望したい。

最後になったが、今回の出版を企画し、粘り強く進めてくれた日本実業出版社編集部のスタッフと、その提案に賛同してくださった関係者の皆さんに、心より厚くお礼申し上げる。同スタッフの洞察力と進取の気性は素晴らしく、筆者に再び書物をつくってやろうという勇気を起こさせるのに十分であった。また、妻の珠美にも、毎度のことながら、最初の読者として本書を読んでもらい、有益な助言を受けた。心からなる感謝を捧げたい。

本書をつくり上げることは、筆者にとって山登りにも似た忍耐のいる作業であった。それゆえに、読者の皆さんに対しても、筆者と同じ忍耐をお掛けするかもしれない。しかし、筆者自身は本書を執筆中、大変元気であったし、できる限りわかりやすい文体で書くように心がけたので、読者の皆さんにも愉しんで読んでいただけるものと考える。また、現実の経済は思ってもみないような動きをするし、筆者自身の勘違いなどもあるかもしれないので、何なりとご批判をいただけたら幸いである。本書が多くの読者に恵まれることを願ってやまない。

2016年5月

南山大学の研究室にて　中矢俊博

第4章 景気はどう動くか 89

第5章 国際貿易を考える 111

※巻末の付録「学びなおしのための経済学キーワード集」および参考文献につきましては、後ろからご覧ください。
※本文中に掲載の写真・肖像画のうち出所を明記していないものは、著作権フリー（パブリック・ドメインなど）の写真・画像を掲載しています。

装丁／志岐デザイン事務所（萩原　睦）
本文DTP／一企画

第1章

われわれの住んでいる経済社会

経済学の目的とは何か

経済学の対象は、われわれの目の前にある経済社会である。われわれの経済社会では、皆自分に合った仕事を持ち、そこで稼いだ所得を用いて、生活に必要な衣・食・住を賄う。

本書の「はじめに」でも書いたように、経済学は日常生活における人間の研究であり、生活必需品などの獲得とその使用に深く関わっている。さらに、人の性格は、仕事を通じた人間関係や働くことから得られる所得と満足によって形成される。仕事から得られる創造的な喜び、達成したときの充実感、社会から認められる自尊心などは、人を幸せにする。このように、働くことは人間の幸せにとって最も大切なことであり、仕事なくして人間の尊厳性を維持することはできない。

さて、人間の様々な営みは、経済社会に多様性をもたら

働く人々

す。農家の人々はわれわれに必要な食料を提供し、衣料や住居を提供する人々もいる。町を歩けば、スーパーマーケットやコンビニがあり、様々な食堂があり、銀行や郵便局がある。病院や学校もあるし、本屋やドラッグ・ストアもある。道路や橋をつくっている人もいれば、街路樹や公園を整備している人もいる。市役所では、公務員が住民サービスに精を出している。このように、それぞれの仕事の違いを認識し、多様性を前提としたうえで、われわれの経済社会は成り立っているのである。なぜ、このように仕事の多様性が生まれるのかについては、第5章で取り扱う比較優位のところで説明したい。

　われわれは共に生き、多くの人と協力して働くことで、お互いがお互いを必要とする社会を営んでいる。われわれの経済社会では、**ギブ・アンド・テイク**（お互い様）が原則である。われわれは一生懸命働いて得た賃金で、他の人がつくった商品やサービスを購入することから、所得や消費がわれわれの生活を支配している。さらに、働いて得た

ギブ・アンド・テイク

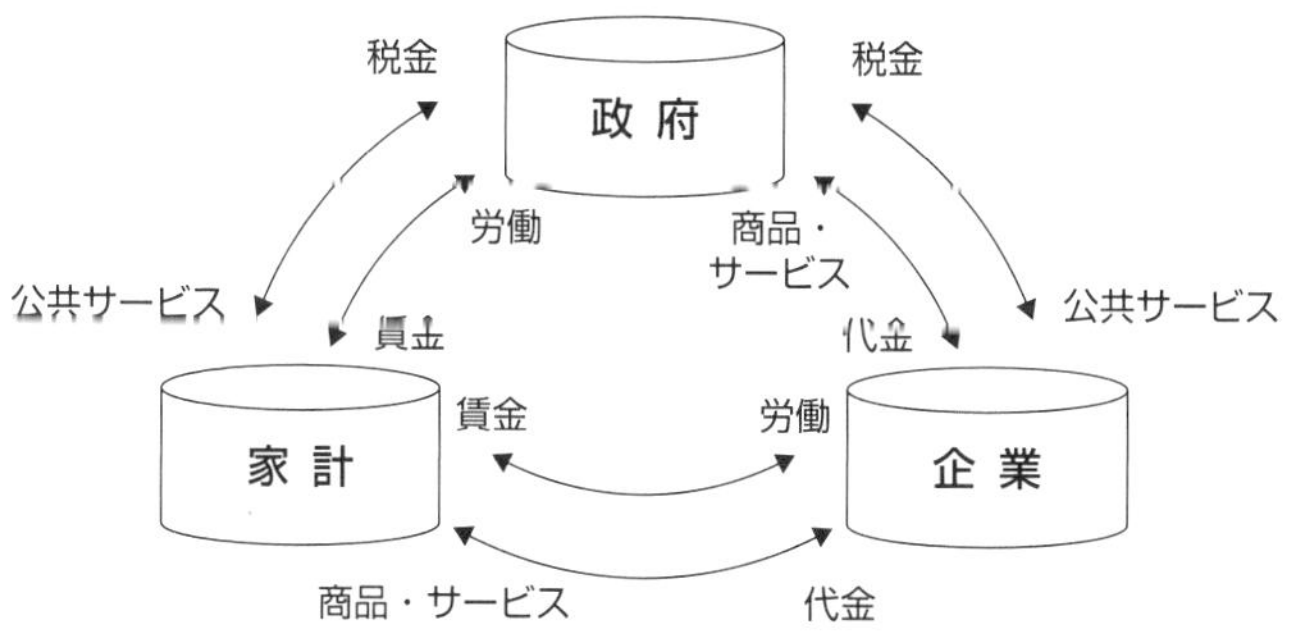

賃金の中から政府に税金を支払い、われわれに必要な公共財やサービスを受け取ると同時に、その税金は恵まれない人のためにも使われるので、自分以外の人のためにもなっている。しかし、そのような所得や消費を実現するには、企業が労働者を雇って生産活動をする必要がある。企業は、利潤を追求することは当然であるが、良い製品やサービスをできるだけ安く提供する役割があり、消費者に信頼されることが大事である。このように、経済学では、生産、分配、支出といった概念がきわめて重要であり、何を、どのように、誰のために、生産・分配・支出するかが問題とされるのである。

ここで、経済学の目的を、過去の偉大な経済学者たちに聞いてみたい。経済学の父であるアダム・スミスは、『国富論』（1776年）の第4篇の「序論」で、「政治経済学は、およそ政治家あるいは立法者たるものの行なうべき学の一部門としてみると、はっきり異なった二つの目的を持っている。その第一は、国民に豊かな収入もしくは生活資料を供給することである。つまり、もっとはっきり言えば、国民にそうした収入や生活資料を自分で調達できるようにさせることである。第二は、国家すなわち公共社会に対して、公務の遂行に十分な収入を供することである。だから経済学は、国民と主権者の双方を共に富ませることを目指している」、と述べる。スミスに

アダム・スミス

ライオネル・ロビンズ

とって、国民と国家とを共に豊かにするために、政府に適切な助言を与えることが、経済学に与えられた役割なのである。

もう一人は、ロンドン・スクール・オブ・エコノミクス（ＬＳＥ）の教授で、ケインズとはライバル関係にあったが、最終的にケインズの盟友となったライオネル・ロビンズである。彼は『経済学の本質と意義』（１９３２年）の中で、「経済学は、諸目的と代替的用途を持つ稀少な諸手段との間の関係としての人間行動を研究する科学である」、と述べている。経済学は、稀少な手段を用いて、最大限の目的を達成するために、よく計算された**合理的選択**を通じて、今ある資源をどのようにしたら最適に配分されるかを考える学問だと言う。われわれが学んでいるミクロの消費者理論は、予算の制約の下での自らの効用最大化行動であるし、生産者理論は生産要素の制約の下での企業の利潤極大化行動である。ロビンズの考え方は、現代の経済学に深く浸透している。

さて、筆者が一番素晴らしいと考えている経済学の目的は、ケンブリッジ大学の総帥であったアルフレッド・マーシャルが示したものである。彼の『経済学原理』（１８９０年）の序章には、「政治経済学ないし経済学は、生活上の日常業務における人間の研究である。すなわち、個人的・

アルフレッド・マーシャル

社会的活動のうち、幸せの物質的必要品の獲得と使用に最も結びついた部分を検討するものであり、それは一面において富の研究であるとともに、他面において――このほうがもっと重要だが――人間研究の一部である。なぜなら、人の性格は、その日の仕事と、仕事を通じて得られる物的資源によって形づくられるものだからである」、とある。多くの人にとっては、仕事（働くこと）こそが人生であって、幸せの源である生活必需品や便益品の獲得を考察することが経済学なのである。マーシャルのこの表現から、経済学は幸せの学問であり、多くの人に必要な知識であることがわかる。

資本主義と共産主義

われわれが住んでいる日本は、アメリカやイギリスなどの先進国と同じ資本主義である。資本主義は、産業革命のころから姿を現し始め、世界恐慌や共産主義の出現など、幾多の困難を乗り越え、現代まで連綿と続いている経済体制である。その主な特徴を五つ挙げると、①自由競争市場、②私的利益の追求、③私有財産制、④資本中心の社会、⑤小さな政府（立法国家）となる。時代が変わり、グローバル化が進んだ今でも、資本主義の特徴の多くはしぶとく生き残っている。

資本主義という以上、資本が大きな役割を果たすことは言うまでもないので、われわれの世界では、資本を多く持っている人ほど優位なポジションをとることができる。資本とは、簡単に言ってしまえば、ヒト、モノ、カネである。まず、ヒトとは**人的資本**のことで、われわれが労働を提供する際に、企業や政府に高く買ってもらえるよう、日々**付加価値**の向上に努めているものである。教育を受けて経験を積めば知識や技術が身につき、人的資本価値は高まる。優秀なプロ野球選手は1年で数10億円を稼いでおり、これは彼らの人的資本価値が飛び抜けて高いことの証左である。一般のサラリーマンでは、1年間に稼ぐ金額は400万円ほどとささやかなものであり、投資銀行の社員でも2000万円ほどであろうか。大企業の社長になると、年俸が10億円を超えることもある。

次に、モノとは物的資本のことで、この概念を広く考えると、土地や資源、機械や建物などを指す。サウジアラビアの王様は、石油・天然ガスやプラント施設などをたくさん所有しているので、資本主義では優位に立つことができる。東京の銀座辺りに100坪でも土地を持っている人は、それだけで優雅な生活が保障されるに違いない。彼らは、銀のスプーンをくわえて生まれてきたようなものである。最近では、工場の製造現場にヒトはおらず、ロボットなどが

トマ・ピケティ
写真提供：共同通信社

活躍している。コンピュータで制御されて人工知能を持ったロボットは、24時間休まず生産活動を行なっているので、あと10年もすればヒトが活躍する場が減少することは確実である。

さて、資本主義の主役はカネであろうか。われわれは、金持ちのことをカネの亡者と非難するが、資本主義を動かしているのは、残念ながらカネである。ピケティが『21世紀の資本』の中で、ジェーン・オースティンの『高慢と偏見』やオノレ・ド・バルザックの『ゴリオ爺さん』を引用して論じているのは、遺産というカネの重要性である。その時代の人々にとっては、結婚や相続などで遺産を手に入れることが大切であった。青年は弁護士として生計を立てるよりも、裕福な女性と結婚して遺産を得ることを選ぶべきだとささやかれる。これは、職業からの収入よりも資産からくる収益のほうが圧倒的に高い時代の話であったが、第二次世界大戦後の高度経済成長時代を除いて、21世紀の現代でも事態はなんら変わっていないというのがピケティの見立てである。だから、**所得の再分配**を考える必要がある。

20世紀の偉大な経済学者の一人であったジョン・メイナード・ケインズも、資本主義の特徴を貨幣愛（love of money）に求めているのは周知のことである。われわれの活動の多くは貨幣動機で動かされており、経済的安定が手段ではなく目標となっている。その人が成功したかそうでないかは、獲得した貨幣（カネ）の多寡（多いか少ないか）で測られ、貨幣（カネ）を首尾よく手に入れた人が成功者として社会で賞賛される。今の若者は、「私だけ、今だけ、貨幣（カネ）だけ」といった〝3だけ主義〟に陥っていると言われるが、大人でも同様な考えを持っている人は多い。資本主義の世界に住む人々の多くは、自分の利益追求と自分の資産の多寡が一番の関心事となっているのである。

　文化や芸術に関心の高かったケインズは、このような資本主義に不満を覚え、「資本主義は、功利主義的あるいは経済的――ほとんど金融的――な考え方が、社会全体で唯一の尊重すべき目的（respectable purpose）だと言う。それ（資本主義）は、これまで文明人の耳目を集めた異端説（heresy）の中でも、恐るべき異端説である。パン（カネ）を、ただパン（カネ）だけを、

ジョン・メイナード・ケインズ

そしてパン（カネ）でさえなく、石に代わるまで複利で蓄積されるパン（カネ）を愛している。詩人や芸術家は、しばしばこの異端説に対して、弱いながらも反対の声を上げてきたのである」（『ケインズ全集』第28巻）、と述べる。人生の目的が経済的成功にあるのではなく、友との愛、美的体験の創造と享受、真理の追求にあると明言した人だけのことはある。

　アリストテレスも「金儲けの生き方は何か矮小な生き方であり、富は明らかにここで追求されている善ではない。なぜなら、

アリストテレス

富は有益なもの、しかも富以外のもののために有益なものだからである」（『アリストテレス全集』第15巻）、と述べている。彼は、人生の目的が幸福（エウダイモニア）にあるとして、行為の結果の善さとともに、行為のあり方の善さを強調し、富だけでなく名誉や徳についても、それ自体が愛好されており、目的とはならないと明言している。しかし、ケインズとアリストテレスは、富を否定しているわけではなく、富の追求が人生の目的ではないと言っているのである。

ところで、人間に不可欠な貨幣（カネ）のめぐりは、人間の血液の循環に似ている。人間は、血液の循環が悪いと体が不調になり、血栓などで詰まってしまうと細胞や組織が死に絶え、特に脳や心臓に血栓ができると命取りとなる。貨幣（カネ）の循環も、めぐりの良いところと悪いところがあり、大企業では潤沢な資金に恵まれているが、中小企業などで回転資金が調達できずに倒産してしまうことなどは日常茶飯事である。家計でも、富裕層は十分すぎるくらい貨幣（カネ）を持っているが、多くの労働者階級や老人・母子家庭などには貨幣（カネ）は回らず、貧困な生活を余儀なくされている場合も多い。そして、最悪の場合は死に至ることもある。貨幣（カネ）が偏在していることも、資本主義の大きな特徴となっている。

そのような状況に反感を覚え、資本主義に鋭く対峙したのが、マルクスが唱えた共産主義で

カール・マルクス

ある。共産主義の主な特徴は、①計画経済、②平等の追求、③共有財産制、④労働者中心の社会（官僚主義）、⑤大きな政府（一党独裁）である。当時の共産主義国家であったソビエトは、マルクスの教えを実行し、新しい経済体制を模索した。そこでは、政府がすべてを計画して着実に実行することで、適正な富の増大と平等な配分を実現することを目標とした。1929年から始まる世界恐慌は、資本主義の大きな危機であったが、そのころのソビエトは5カ年計画の経済政策が見事に成功し、まさに飛ぶ鳥を落とす勢いであった。第二次世界大戦でのナチの猛攻に耐えたのも、共産主義の勝利を内外に示すものであった。

しかし、第二次世界大戦後は、資本主義国の経済成長が軌道に乗り始めたのに対して、共産主義国は次々に問題を抱えることとなる。官僚組織による腐敗や非効率、労働者の勤労意欲の低下、軍事大国化の推進などが重なり、経済は惨憺たる状態となった。そもそも共産主義の理念は、すべての人が能力に応じて働き、必要に応じて取るといった理想主義的なものである。しかし、現実の共産主義は、豊かさを平等に分配するのではなく、貧しさを平等に分配してしまったので、多くの人のやる気を下げることとなった。店には同じ種類の固いパンしかなく、資本主義社会の商品やサービスの多様な品揃えとは比べ物にならないくらい貧弱なものであった。そのために、共産主義という壮大な実験は、北朝鮮などを除いて1990年代の初めに終わりを告げた。

資本主義のメリットとデメリット

さて、資本主義のメリットは、何と言っても人々の主体的行動であろうか。今の自分の境遇を少しでも改善しようとする人々の経済行動は、労働意欲を刺激して経済成長を促す。資本主義は、人々の**インセンティブ**を高め、多くの富をもたらすのである。競争原理は、相手に勝ちたいと思うポジティブな刺激だけでなく、負けたら自分の生活も維持できないというネガティブな刺激ももたらすので、必死になって頑張るようになる。普通の人々にとっては、資本主義が提起する自由と主体性こそが、本人のやる気と本気を引き出す源である。彼らは、自立した経済主体として、自ら物事を認識し、比較考量して選択し、自らの行為を決定するのである。

ケインズも、資本主義の持つこのようなメリットを認めたがゆえに、今しばらくは富の追求といった目的意識を持ち続けることを提案する。彼は、「不朽不滅の約束を宗教の核心と本質の中に組み込むことのできた民族が、複利の原理に最も大きく寄与してきたこと、しかも人類の様々な制度のうちで最も目的意識的なこの制度を特に好んでいるということは偶然のことではない」とか、「われわれは、少なくとも今後100年間は、自分自身に対しても、どの人に対しても、公平なものは不正であり、不正なものは公平であると偽らなくてはならない。なぜなら、不正なものは有用であり、公正なものは有用ではないからである。貪欲や高利や警戒心は、今しばらくはわれわれの神でなければならない。なぜなら、そのようなものだけが経済的ニーズというトンネルから、われわれを陽光の中へと導いてくれることができるからである」（『ケインズ全集』第9巻）、と述べている。

さて、資本主義のデメリットは、次の六つを挙げることができよう。第一は、格差の拡大や**独占**などの発生である。自由競争の結果、勝ち負けがはっきりするので、所得格差の発生だけでなく、勝者による独占を生むことがある。独占は、価格や供給量の操作を通じて、社会的に適切な供給量の達成を不可能にする。

第二には、**情報の非対称性**が挙げられよう。通常、商品やサービスの提供者と購入者では、保有している情報量に格差があり、取引を歪める要因となる。典型的な例としては、中古車市場や保険市場が取り上げられる。情報の非対称性があるために、取引開始前の「隠された情報」は**逆選択**を生み、取引開始後の「隠された行動」では**モラル・ハザード**が発生する可能性が高い。

第三は**外部効果**である。ある経済主体の行動が、他の経済主体に影響を及ぼすことを外部性と言い、それがプラスの場合は正の外部性、マイナスの場合は負の外部性と呼ぶ。中国で発生しているPM2・5による大気汚染などの公害は、負の外部性の典型的な例である。

第四は、**公共財**やサービスが提供できないことである。公園や警察などの公共財やサービスは、供給者が便益を享受する消費者に対して競合性と排除性を持たないため、**フリー・ライダー**（タダ乗り）の問題が発生する。要するに、誰でも無料で使用できる公共財は、民間による費用回収が困難であり、たとえ社会的に必要であっても供給が過少となる可能性が高い。

第五には、景気の不安定性が挙げられる。資本主義はしばしばオーバーシュートする（行き過ぎる）。資本主義の秩序は、実体がなく、媒介物にすぎない貨幣（カネ）によって支えられており、そのような貨幣（カネ）への欲求が強すぎて、皆が貨幣（カネ）を退蔵すれば不況となり、それが行き過ぎると恐慌となる。その反対に、貨幣（カネ）への欲求が弱くなり、商品やサービスに対する欲求が高まるとインフレが発生し、それが極端になるとハイパーインフレとなる。

最後に第六として、内包的深化を指摘したい。資本主義は、家庭や地域といった市場になじまない非市場領域をも市場化してしまう傾向がある。

資本主義の今

ケインズの出現以降、純粋な資本主義に大きな修正が施された。前でも述べたように、資本主義は自由競争を推奨しているために、貧富の差は広がるばかりか、独占や寡占といった状態をもたらす。独占企業は価格支配力を持つため、消費者に不利な価格設定を行なうことから、それを防止するために「独占禁止法」が制定されなければならない。わが国の独占禁止法の第一条には、「この法律は、私的独占、不当な取引制限及び不公平な取引方法を禁止し、事業支配力の過度の集中を防止して、結合、協定等の方法による生産、販売、価格、技術等の不当な制限その他一切の事業活動の不当な拘束を排除することにより、公正且つ自由な競争を促進し、事業者の創意を発揮させ、事業活動を盛んにし、雇傭及び国民実所得の水準を高め、以て、一般消費者の利益を確保するとともに、国民経済の民主的で健全な発達を促進することを目的とする」、とある。

独占禁止法は、公正かつ自由な競争の促進、事業者の自主的な判断による自由な活動、雇用や国民所得の向上などを目的とするものであり、政府は積極的に自由な競争の維持・確保に努めなければならない。また、**「市場の失敗」**と呼ばれる資本主義に典型的な現象に対しても、政府による様々な施策や公共財やサービスの提供が求められる。道路や空港、港湾や都市、上下水道などの整備は、民間ではできないアジェンダ（検討課題）であるので、政府が積極的に関わる必要がある。

さらに、資本主義で周期的に訪れる経済不況に対しても、政府の積極的な経済対策が求められる。リーマン・ショックのとき、アメリカのオバマ大統領はフォードやＧＭといった民間企業に政府の公金を注入し、世界恐慌以来とされる金融危機を救うことに成功した。日本でも、ケインズ政策などを取り入れた「アベノミクス」という財政・金融政策がその役割を果たしているのは言うまでもない。今や政府が関与しないような純粋な形の資本主義経済は、世界中どこをさがしても存在しない。市場が正しい機能を果たすためには、政府の介入が必要不可欠となっている。政府こそは、人類が発明した最も強力な組織であり、これなくしては人間らしい生活どころか、人類の経済成長はあり得なかったと言ってもよい。

また、近年の風潮として、年金給付などの社会保障政策、田園などの自然環境維持、美しい市街地整備、博物館などの文化施設の充実、公教育の改善、さらには海外援助や世界平和の維持など、政府が関与しなければならない項目が増大している。政府は、ただ単に他国の暴力と不正から自国の人々を守り、市場のルールを設定していくだけでは、その役割を果たしたとは言えない。賛否両論はあると思うが、スウェーデンなどの北欧諸国では、それらの社会政策を充実させることで、実現可能な計画を立てつつ積極的に人々の幸福の増進に努めているように見える。筆者は、政治的に中道政策をとるドイツなどのヨーロッパ型資本主義には親近感を持つが、政治的左派であるスウェーデンなどの北欧型の社会福祉国家や政治的右派であるアメリカ型資本主義には賛同しない。

ところで、そのような政策を行なうためには、政府にそれらを実行できるだけの財源（収入）が必要であって、適切な租税制度が確立されなければならないのは言うまでもない。第6章で見るように、日本の場合は圧倒的にギブ、すなわち私たちの支払う納税額が少なく、租税負担率は先進国でも最低の水準となっている。日本社会では、ギブ（納税）をせずにテイク（給付）を受ける個人や企業が多すぎるので、小・中学校のころから、われわれの経済社会はギブ・アンド・テイク（お互い様）で成り立っているといった相互依存関係を丁寧に教え、納税教育を徹底しなければならない。批判の対象となっている消費税も、ヨーロッパの諸国と比べると圧倒的に低い。そのために、日本の財政赤字は、２０１６年度の当初予算でも歳入の約35％に上っている。

本章の最後に、人間が社会を形成する意味を考えておこう。われわれが社会を形成するのは、単独では不可能な人間の自己実現を、皆で達成することである。資本主義は、個人の主体的行動を前提とするので、政府の関与は原則として個人や諸集団では達成できない領域に限られる。つまり、政府は公共のために働くわけだが、その機能はどこまでも補完的であるべきなのである。これは、個人に身近な公共団体の優位を説いた「補完性の原理」と呼ばれているものであり、ヨーロッパなどで強く主張されている考え方である。個人にできないことは家族がやり、家族でもできないなら地域が援助し、地域でもできなければ市町村が助けを出すといったように、市民に身近な組織や団体が手を差し伸べるというものである。

また近年、資本主義の中核である主体的行動や、政府が補完的に提供する公共財やサービスだけではなく、社会的な連帯を模索する運動も活発化している。例えば、非政府組織（ＮＧＯ）

国境なき医師団の活動

©Shannon Jensen
写真提供：特定非営利活動法人 国境なき医師団日本
（http://www.msf.or.jp/about/activity.html）

や非営利組織（ＮＰＯ）などの中間組織団体の活動がそうである。これらの組織は、「保健・医療」「教育・調査研究」「教育・文化」「環境・人口」「国際活動」などの社会的目的を持ち、共助の精神を基本理念として運営されている。筆者も国境なき医師団や国連ＵＮＨＣＲ協会（国連難民高等弁務官事務所の募金・寄付の公式支援窓口）の活動を支援している。

われわれの社会では、自分のことは自分でやるという自助の精神が最も重要なことであることは言うまでもない。また、政府がわれわれに必要な公共財やサービスを補完的に提供する公助の精神も必要なことである。しかし、筆者は、参加と連帯を基本とする共助の精神を強化するのが、これからの経済社会にとって大切なことであると考える。特に、近年では資本主義が行き過ぎて、家族や地域のコミュニティが弱体化するだけでなく、政府の財政赤字も拡大する傾向にあることから、非政府組織や非営利組織の活動は拡大していかなければならない。

COLUMN 1

皆さんは国に対して何ができるか

アメリカには、昔、ＷＡＳＰ（ワスプ）という言葉があった。現在では、黒人にルーツを持つオバマ大統領が就任しているので、その言葉は死語となっているかもしれないが、Ｊ・Ｆ・ケネディが大統領になった当時はそうではなかった。アメリカでは、ＷＡＳＰ以外の人では大統領などの中心人物になることはできないと固く信じられていたのである。

ここで、Ｗとは「White」で白人のことであり、ＡＳとは「Anglo-Saxon」でイギリス人の祖先のことを示し、Ｐとは「Protestant」でアメリカを建国した長老派教会などの出身者のことを表わす。

ケネディのルーツはアイリッシュ・カトリックであったために、彼が大統領になることはないと考えられていた。しかし、ケネディはその伝説を見事くつがえし、43歳で第35代のアメリカ大統領となった。大統領選に必要な巨額の資金は、ビジネスで成功した父のジョセフが提供したと言われている。そして彼は、大統領就任演説として、後世に残る有名なスピーチを行なった。その演説の終盤部分に、次の名台詞がある。

And so, my fellow Americans: ask not what your country can do for you; ask what you can do for your country. My fellow citizens of the world: ask not what America will do for you, but what together we can do for the freedom of man.

【和訳】

ですから、わが親愛なるアメリカ国民の皆さん、国があなたたちのために何をしてくれるかと求めるのではなく、あなたたちが国のために何ができるのかを考えてください。

わが親愛なる世界各国の皆さん、アメリカがあなたたちに何をしてくれるのかを求めるのではなく、わらわれが共に、人間の自由のために何ができるのかを考えてください。

ケネディが述べた、この精神こそは、経済学がこれまで大事にしてきた自助の精神であり、われわれが強く引き継ぐべきものである。われわれは、人に頼ってはならず、ましてや国に頼ってはならないのである。自分のことは自分でしなければならない。そして、できれば、国のために何かをする人間にならなければならない。

１９６３年11月22日は、そのケネディが暗殺された日であった。東西冷戦の最中、キューバに配置されたソ連の核ミサイルが発見されたときに、大艦隊をキューバ沖に配置してソ連の最高指導者・フルシチョフに対峙し、外交交渉で見事両国の衝突を回避しただけでなく、核実験の禁止条約を締結したケネディ。彼は、日米の衛星放送が実現したその日に、何ものかに暗殺された。

それから50年後の２０１３年11月22日に、オバマ大統領は、核戦争の危機を救い、公民権運動の推進や人種差別に反対したケネディに敬意を表する意味で、アーリントン墓地にある彼の墓を訪れた。そこで、白人と黒人、キリスト教徒とイスラム教徒、男性と女性といった様々な違いを認識し、多様性を前提とした世界の平和を祈ったのである。

COLUMN 2

ケインズとリカードゥの投資行動

ジョン・メイナード・ケインズは、１９４６年4月21日、心臓病のため亡くなった。享年62歳、若すぎる死であった。そのために、世界中から彼の死を惜しむ声が寄せられた。死後の彼の資産は約45万ポンドと見積もられ、当時のレートで換算すると約60億円であった。投資家でもあったケインズの面目躍如といったところであろうか。しかし、ケインズ以前に、彼より高額の資産を残して亡くなった経済学者がいる。それが「理論経済学の父」と呼ばれているデイヴィッド・リカードゥである。

デイヴィッド・リカードゥ

リカードゥは、幼いときから父親の指導を受け、14歳で証券マンとしてデビューした。結婚問題などもあったことから、21歳にして独立する。その後、主にイギリスの公債引受人として巨額の財をなし、１８１４年に42歳で実業界から引退する。その年、グロスター州にギャトコム・パークという広大な地所を購入し、カントリー・ジェントルマンとして優雅な余生を送った。ナポレオン戦争時の１８１５年６月18日には、ネイサン・ロスチャイルドと同様に、公債投資により莫大な富を獲得する。彼は１８２３年９月11日、耳の伝染病のため51歳という若さで死去したが、妻と7人の子どもに約75万ポンドの資産を残した。これは当時のレートで換算すると約150億円という巨額のものであった。

ケインズとリカードウは、どうしてこのような多額の資産を残すことができたのか。リカードウのほうは、仕事が証券マンであったのでわからないでもないが、ケインズについては経済学者としての執筆活動、王立経済学会での活躍、エコノミック・ジャーナルの編集者、大蔵省などの政府役人、ブルームズベリー・グループでの芸術活動などもあったので、いつ、そのような蓄財をしたのかを知りたく思う人は多い。

実は、ケインズは心臓に血栓症を抱えており、午前中はベッドで過ごす必要があった。そのために毎朝、ベッドの上で様々な書類や投資データに目を通し、ここぞと思う為替や商品に買いを入れていたのである。株式に対しても同様で、若いときには「**美人投票**」のように大衆の熱狂を利用して、短期の売買を行なっていたこともあった。必ずしも自分の趣味ではなく、他人の好みの企業の株式を購入したほうが、株価は上がるので利益も増える。しかし、この投資方法は熱狂ゆえの失敗も多く、破産寸前の危機も経験した。また、当然のことながら、世界恐慌時にこの投資行動はうまく行かず、かなり資産を減らしている。

しかし、このような短期売買の失敗を教訓として、ケインズは投資方法を変更する。将来値上がりしそうな企業の株式を安値で買い、長期に保有する投資方法で資産をなしていくのである。母校であるキングス・カレッジの資産についても、資産管理の責任者としてリスク資産である株式投資を取り入れ、長期の投資方法により、元の資産を7倍にまで増やしたそうである。

要するにケインズは、大恐慌が起こったときのように、売りが売りを呼ぶといった総悲観（セリング・クライマックス）のときに、将来値上がりしそうな優良企業を着実に見つけ出し、底値で買いを入れて長期に保有するといった投資方法を実践する。そのような投資方法により、人がうらやむような巨額の資産づくりに成功したのである。企業の将来性、信頼できる経営陣、集中投資、長期保有、バランスの良い**ポートフォリオ**などを考慮し、勇気を持って投資を実践することがケインズの方法であった。

そのようなケインズの投資方法に対し、リカードウのほうは「**裁定取引**」を得意としていたらしい。彼は、イギリス公債引受人として多大な信用を得ていたので、手に入れた有用な情報を即座に判断し、公債が安いときに買いを入れて公債が高くなったときに売ること、公債が高いときに売りを入れて安くなったときに買うこと、時にはそれらを併用することで莫大な利益を得ていたのである。

リカードウの投資方法で特筆すべきは、ナポレオン戦争末期のことが挙げられる。これは、先のロスチャイルドの蓄財とも関連する。ナポレオンがエルバ島から脱出し、再び天下を取ったとき（1815年3月20日〜同年6月22日）のことである。ウェリントン公爵（アーサー・ウェルズリー）率いるイギリス軍が勝てば、戦債として発行しているイギリス公債の価格は暴騰するし、ナポレオンが勝てば暴落することは間違いない。同年6月18日のワーテルローの戦い以前にも、投資家たちは色々と憶測をめぐらしていた。

そのとき、リカードウの忠告で5000ポンドを投資していたマルサスは、決戦が始まる前の同年6月14日にナポレオンが勝つことを予感し、公債が暴落する前にリカードウに売却を依頼し、薄利を得ることで満足する。しかしながら、生粋の勝負師であったリカードウは、ナポレオンの勝利という誤った情報（ネイサン・ロスチャイルドが流す）により、多くの投資家が売り続けて暴落した公債を底値で大量に購入することに成功する。その直後に、イギリスなどの連合国の勝利が報じられ、イギリス公債は急騰したのである。この取引から、リカードウが巨万の富を得たことは言うまでもない。

リカードウとケインズは、共に有能な実務家として活躍し、古典派経済学とケインズ経済学という独自の理論をつくり上げた。これらの理論は、現在でも経済学を成り立たせる重要な考え方として、われわれの手元にある。経済学は、決して金儲けの学問ではないが、この二人を見ていると、抽象的な経済理論の背後に現実の経済が存在すると考えざるを得ない。われわれは、日常生活の中においても、的確な情報を入手し、よく比較考量して、最適な判断を行なわなければならない。「安く買って高く売る」という考え方一つを取ってみても、単に投資方法を意味するだけでなく、それぞれの生き方とも関係している。二人の偉大な経済学者から学ぶことは多い。

第2章

ミクロの世界をのぞく

価格の働き

　われわれは、日々生活している中で、価格の動きに敏感に反応する。家計は同じ商品やサービスならば、できるだけ安い価格で買おうとするし、企業はある商品の価格が高くなれば、可能な限りたくさんつくろうとする。

　これは、商品やサービスの価格だけではない。労働者は、労働の価格である賃金が高いことを望んでいるし、企業はその反対にコストとしての賃金は、できるだけ安く手に入れたいと考える。銀行は、資本の価格である利子を考えるに際して、できるだけ安い利子で家計などからカネを借り入れ、可能な限り高い利子で企業などに貸し付けたいと考える。このように、われわれは価格の動きに無関心ではいられない。

　また、アダム・スミスが活躍していた昔から、生きるのに必要不可欠な水の価格はタダ同然なのに、それがなくても困らないダイヤモンドの価格が異常に高いのはなぜかが問題にされている。2015年、郵政3社（日本郵政・ゆうちょ銀行・かんぽ生命保険）の株式が売りに出され、設定した価格よりも高い価格で取引が成立したというニュースが流れたが、どうしてそのようなことが起こるのか。ゴルフの好きな人は、いつかはゴルフ場の会員権を買いたいと考えているが、バブルのころより何百分の一に価格が低下している今、果たしてその会員権をいつ買ったら良いのか。車やマンションを買いたい人は、販売員から提示された価格を見てどのような行動をとるべきか。

経済学は、それぞれの価格を慎重に観察し、その背後に何があるのかを考える学問である。公認会計士の賃金が税理士よりも高いのはなぜか。主婦や学生アルバイトの賃金が相対的に高くないのはなぜか。ミカンやリンゴなどの果物の価格が、不作のときには上昇し、豊作のときに下落するのはどうしてか。現在、長期金利が0・1％と大変低いことや、外国為替が1ドル約110円なのはどうしてか。経済学者は、ある商品の価格が他の商品の価格よりも高い理由や、またある商品の価格が上下する現象に強い関心がある。

結論から先に述べておくと、商品やサービスだけでなく賃金や利子、外国為替も含めて、すべての価格は、需要と供給の相互作用により決定される。これは、最近の原油価格の暴落を見ても理解できよう。中国などの新興国は、景気の減速を受けて原油需要を低下させているのに対して、サウジアラビアなどの産油国では、様々な思惑から原油供給を引き下げられないでいる（**囚人のジレンマ**）。そのため、経済学のセオリーどおり、需要と供給の相互作用により、原油価格は下落を余儀なくされるのである。

価格メカニズム

経済学の教科書でよく見る**完全競争**モデルでは、需要者と供給者はたくさんいるので、各自は価格を与えられたものとして行動する。この価格を基準とする経済行為が、需要と供給に集約されるメカニズムを、**価格の自動調整機能**と言う。アダム・スミスの「神の見えざる手」という表現は、実はこのような価格の自動調整機能のことを指しており、その教えが時空を超えて現代でも重要なものであると認識されていることから、彼は「経済学の父」と呼ばれている。

今、市場のプレイヤー（経済主体）を、消費者を中心とする「家計」と生産者である「企業」の二つだけであると仮定しよう。この仮定は、何も「政府」や「外国」というプレイヤー（経済主体）が必要でないということを意味しない。「政府」や「外国」の重要性については、本書の後半部分で、嫌と言うほど強調する。さて、次頁に示した図を見ると、3大市場（労働市場・生産物市場・資本市場）において、価格が需要や供給を規制し、そのような需要と供給が価格を決定している。ここでの価格とは、先に示した商品やサービス、賃金、利子、地代、株価、外国為替などをすべて含んだものである。

完全競争モデルでは、「家計」は自分たちの境遇を改善しようとする自然的努力を払いつつ効用を最大にするような利己的な消費者、「企業」は与えられた資源を効率的に使用して自分

3大市場での需要と供給

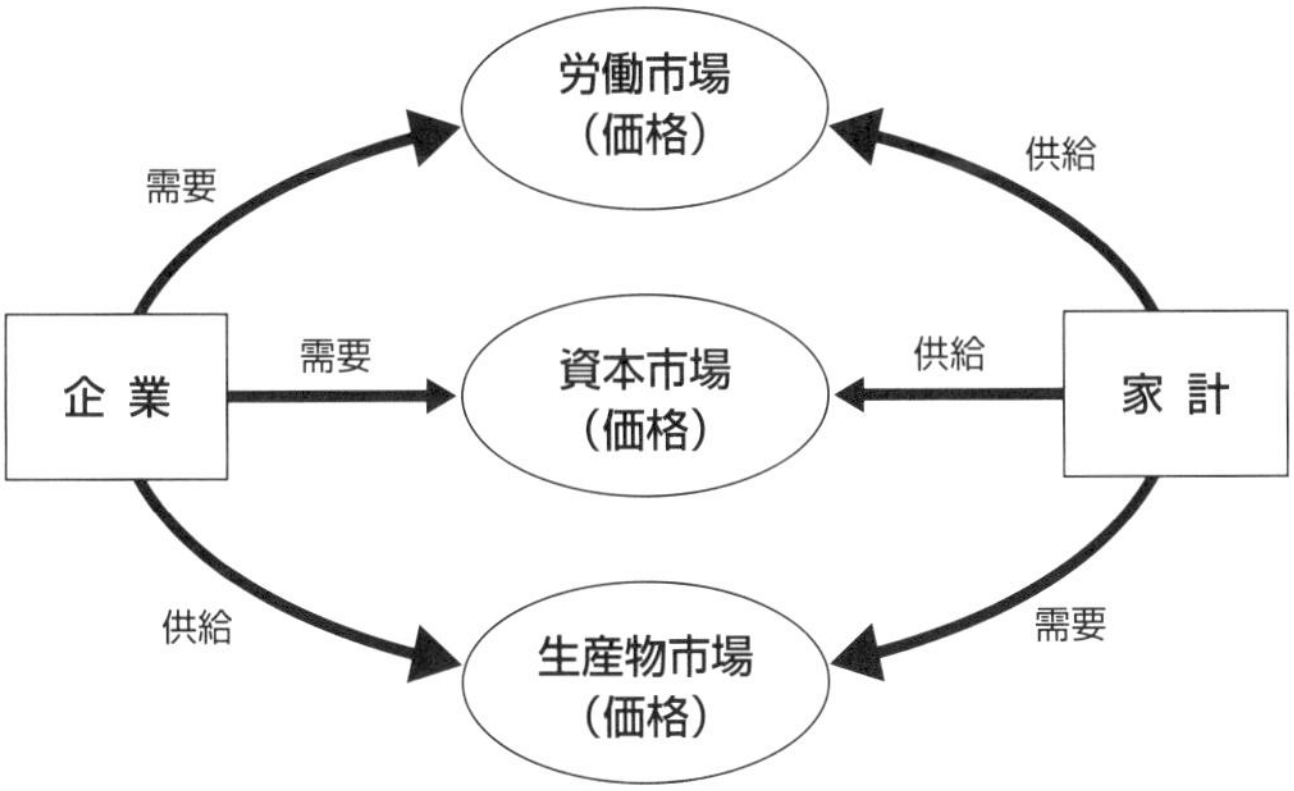

たちの利潤を極大にすることを日的とした利己的な生産者として行動する。さて、完全競争モデルは主に四つの仮定を置いている。その一つは、競争者が多いために価格を与えられたもの（**プライス・テイカー**）として行動することである。実際によく見られる独占や寡占は、存在しないと考えるのである。二つ目以降は、商品の同一性、情報の完全性、**参入と退出**の自由である。

家計と企業のそのような合理的行動（極大行動）が、競争を通じて稀少な資源の最適配分をもたらす。もちろん、自分の利益を追求する際には、アダム・スミスが言ったように、フェアプレーの精神が大切である。人間は、他者が自分をどう思うかを想像する**同感**を備えており、この同感は自分のうちに他者としての視点を持った自己である**公平な観察者**を形成する。自らの境遇改善を望む**利己心**と公平な観察者による抑止により、市場において需要・供給が均衡し、資源の最適配分がもたらされるのである。以下は、アダム・スミス『国富論』にある有名な一節である。そこでは、お互いの利己的な行動が、社会全体にとって利益をもたらすことが述べられている。

「各人が社会全体の利益のために努力しようと考えているわけではないし、自分の努力がどれほど社会のためになっているかを知っているわけでもない。外国の労働よりも自国の労働を支えるのを選ぶのは、自分が安全に利益をあげられるようにするためにすぎない。生産物の価値が最も高くなるように労働を振り分けるのは、自分の利益を増やすことを意図しているからにすぎない。だがそれによって、その他の多くの場合と同じように、見えざる手に導かれて、自分がまったく意図していなかった目的を達成する動きを促進することになる。そして、この目的を各人がまったく意図していないのは、社会にとって悪いことだとは限らない。自分の利益を追求することが、実際にはそう意図している場合よりも効率的に、社会の利益を高められることが多いからだ」（『国富論』第4篇第2章）

もちろん、現実の消費者や生産者は、必ずしも自分たちの効用や利潤を最大化するように行動していないかもしれない。完全競争モデルは、現実の経済社会を単純化しており、実際から見ると、かなり極端な仮定（情報の完全性など）を置いているように見えるが、現実への理解を深めるだけでなく、資源の最適配分といった現実の経済に対しての評価基準（規範的意義）を持つ、という意味でも有益であると考えられている。

家計の行動と需要曲線の導出

われわれは、商品を買う際に、どのような行動をとるのであろうか。最初に、店に並んでいる商品の色や形を吟味し、そこに付いている価格をよく見る。次に、自分の財布をこっそりのぞき、それらの商品が買えるかどうかを考える。もちろん、それらの商品を買えば、自分の満足（効用）が高まることが前提である。経済学では、家計は与えられた予算のもとで、自らの満足（効用）を極大にするように消費行動を行なうと考えている。

さて、一週間に一度、1万円を持ってスーパーに行き、一週間の生活に必要な商品を買うという、われわれの日常の生活を考える。今、単純化のために、三四郎君はパンとブドウ酒の二種類の商品しか買わないものと想定し、それぞれの価格は200円と500円であるとしよう。三四郎君は、パン（購入量X）とブドウ酒（購入量Y）の購入計画をどのように立てれば、彼が最も満足（効用）の高い行動をとることができるのか、というのが経済学の提起する問題である。

まず、彼の**予算制約式**を考えてみよう。そうすると、「200X+500Y=10000」となることがわ

予算線と無差別曲線

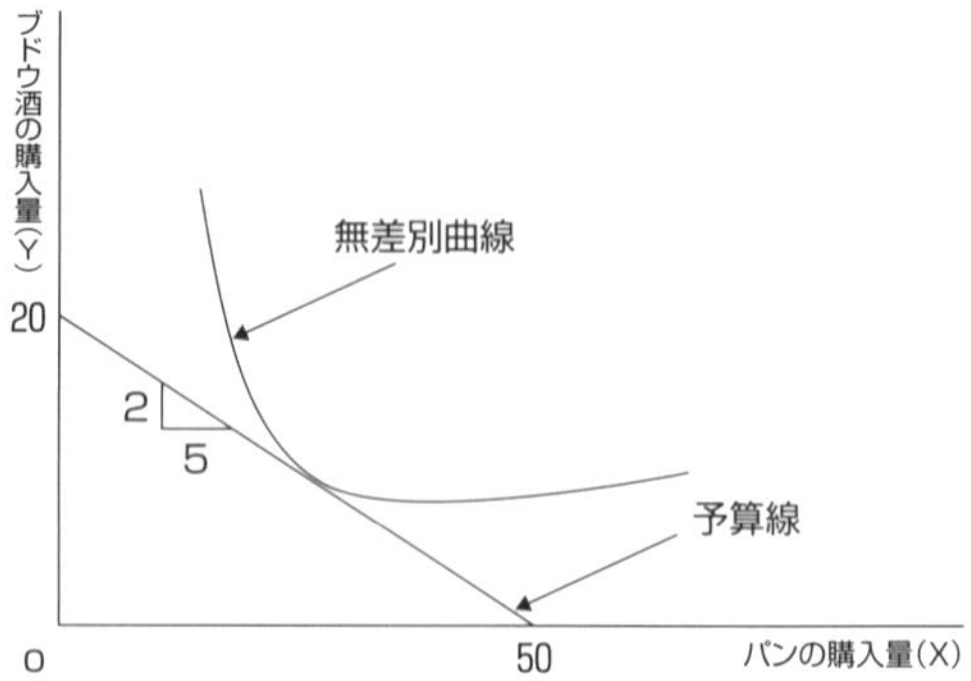

かる。それを変形すると、「Y＝10000/500－200/500X」となり、最終的には「Y＝20－2/5X」が導かれる。彼の予算制約式は、切片が20で傾きが2／5の直線となることがわかる。われわれは、これで第一地点を無事通過することができた。

次に、パン（購入量X）とブドウ酒（購入量Y）という二つの商品の組み合わせで、ある一定の満足（効用）をもたらすものとして、**無差別曲線**を考えてみる。パンの購入量をx、ブドウ酒の購入量をyとし、三四郎君の満足（効用）をUとすると、「U＝x・y」となる。これを変形すると、「y=U/x」となるので、無差別曲線は反比例のグラフとして描くことができる。この無差別曲線は、少し数学的な表現で恐縮だが、原点に対して凸面を持った右下がりの曲線として表わすことができるし、原点から遠ざかるほど高い満足（効用）を持つ。これが、パンとブドウ酒の無差別曲線である。われわれは、これで第二地点をも通過しようとしている。

それでは三四郎君は、パンとブドウ酒について、どのような購入計画を立てれば、彼の満足

（効用）が最も高くなるのであろうか。彼は、色々と購入計画を立てることができるのだが、予算線が無差別曲線と接するところで実行すると、最も高い満足（効用）を得られることになる。これが最終地点である。この最適な消費を示す点は、限られた予算をもとにパンとブドウ酒の価格を一定として、三四郎君にとって最も満足のいく購入量を示している。

需要曲線の導出

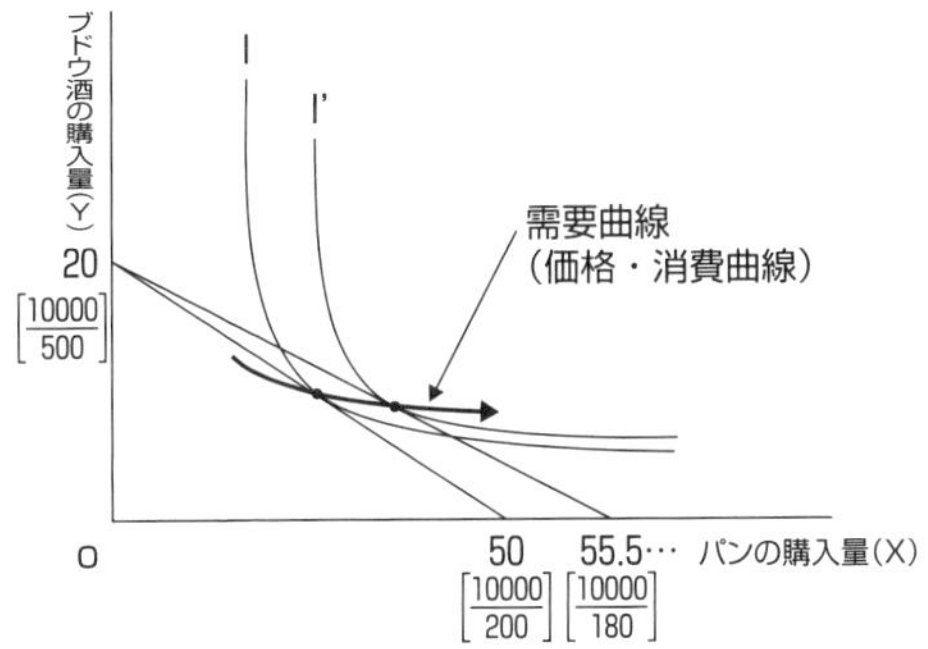

さて、ここからパンの価格を変動させて、パンの**需要曲線**を導出してみたい。もちろん、彼の予算やブドウ酒の価格は固定させておくと仮定する。今、パンの価格が２００円から１８０円に低下したとすると、予算線が右にスライドし、無差別曲線との新たな接点が現れる。このようにパンの価格変動に応じて現れる接点をつないでいくと曲線が生まれる。これが、パンの需要曲線である。価格の変化による消費の変化を示していることから、**価格・消費曲線**とも呼ばれる。マーシャルは、予算や他の価格を固定させるというように、他の条件が変わらなければ（other things being equal）という表現をしばしば使用するが、それは経済学の分析にとってこの手法が便利だからである。

また、三四郎君の予算や嗜好、環境や技術などの条件が変わった場合には、需要曲線は左右にシフトする。三四郎君の予算が2万円になれば、それだけ右上の無差別曲線と接することになり、購入量は増えるだろうし、彼の嗜好が変わったら購入量は当然変化する。しかし、これは需要曲線のシフトであって、需要曲線上の移動ではないので注意が必要である。さあ、われわれは需要曲線の導出とそれのシフトについて学びなおしてみたが、いかがだったであろうか。価格理論の一方の重要事項である需要曲線がわかれば、次に考察すべきは**供給曲線**である。

企業の行動と供給曲線の導出

今度は、企業の行動を確認し、供給曲線を導出してみよう。企業は、商品を生産する際に、生産に必要な労働や資本などを使う。これら生産に必要な労働や資本のことを生産要素と言う。企業は、それらの生産要素を用いて生産を行ない、自分たちの利潤を極大にするように行動する。

さて、南山食品という企業は、パンをつくっていると仮定しよう。今、パンの生産に必要な生産要素と生産量の技術的関係（**生産関数**）は一定であると仮定する。南山食品は、このような生産関数を用いて生産を行なうのだが、利潤が極大になるには生産要素などの費用を最小にしなければならない。それでは、企業にとって最適な生産量は、どこで決まるのであろうか。
以下では、南山食品の利潤が極大となる生産量がどこにあるのかを求めてみたい。今、パンの生産に必要な**総費用**を、工場の賃借料や地代などの**固定費用**と、賃金や原材料費などの**可変費用**に分けて考える。そして、ここから少し難しく感じるかもしれないが、頑張ってついてきてほしい。生産量1単位の増加に伴う総費用の増分を**限界費用**と呼び、総費用を生産量で割ったものを**平均費用**、可変費用を生産量で割ったものを**平均可変費用**と呼ぶことにする。平均可変費用曲線は、ある生産点で最低になった後、急激に増加していく。もちろん、平均費用曲線も同じような経過を辿るが、平均可変費用曲線よりは、固定費用の分だけ上方に位置している。費用の性質上、二つの曲線はU字形をしている。

　ここから、以上のことを整理しながら、企業の供給曲線を導出してみたい。さて、パンの生産量が増えるにつれて限界費用は減少し、平均可変費用と平均費用も同じように減少する。さらに、限界費用が増加に転じてからも、それが平均可変費用と平均費用より小さければ、依然として平均可変費用

供給曲線の導出

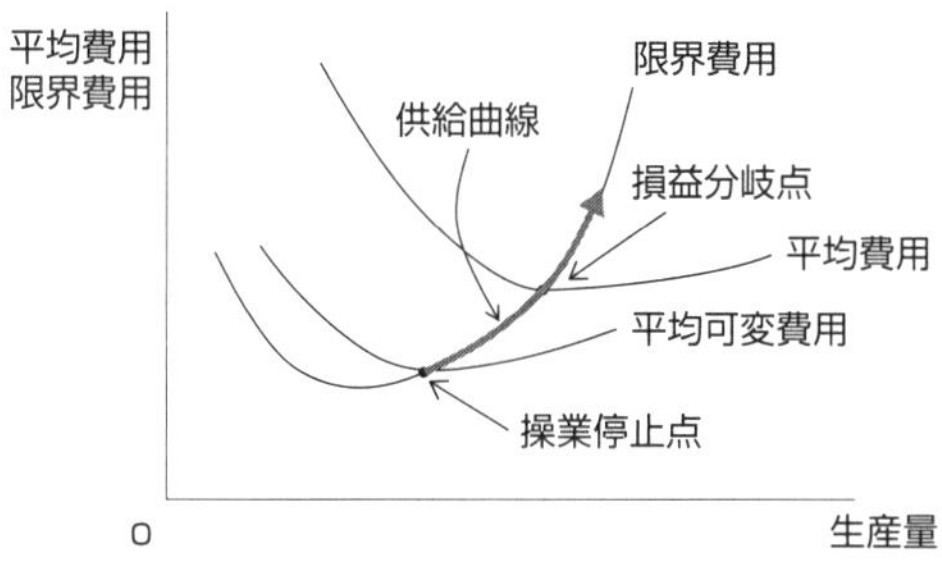

と平均費用は低下を続け、限界費用が平均可変費用や平均費用よりも大きくなったときに、平均可変費用と平均費用は増加に向かう。ここで、平均可変費用の最低点のことを**操業停止点**、平均費用の最低点のことを**損益分岐点**と名づけると、これら2点を結んだ曲線を企業の供給曲線と呼ぶのである。

完全競争モデルでの利潤極大の生産量

さて、皆さんは当然疑問に思われたと思うが、企業の利潤は収入から費用を引いたものであるから、費用の分析だけでは利潤極大の生産量は見出すことができない。そこで、完全競争モデルの価格分析が生きてくるのである。南山食品は、利潤を極大にしたいのだが、パンの価格は与えられたものとして行動しなければならない。

ここで、パンの価格を200、生産量をQとすると、南山食品の総収入は200Qとなる。先の費用の分析と同じように、**限界収入**と**平均収入**を考えると、限界収入と平均収入は、

利潤極大の生産量

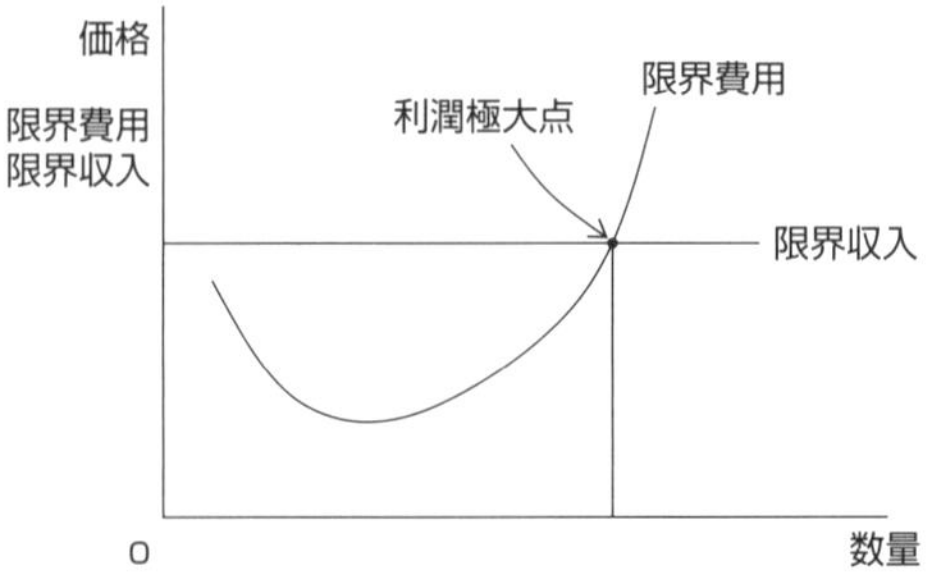

共に200となる。すなわち、それらはパンの価格に等しいのである。企業の利潤極大の生産量は、この限界収入と先の限界費用が等しい点で実現される。完全競争モデルでは、価格と限界費用が等しいところで、企業の利潤が極大となる生産量が求められる。また、この「**限界収入=限界費用**」の関係は、**不完全競争**モデルに拡大しても成立する。

もう一つの均衡への接近

先に、商品の生産には、労働や資本などの生産要素が必要であると述べた。さらに、そのような生産量と生産要素の技術的な関係を生産関数と呼んだ。企業が利潤を極大にするには、労働と資本のどのような組み合わせが望ましいのであろうか。以下では、少し技術的ではあるが、最適な生産方法を考えてみたい。

さて企業は、労働の価格と資本の価格の組み合わせを**等費用線**として描くことができ、また一定の生産量を生産するのに可能な生産要素のすべての組み合わせを**等産出量曲線**とし

最適な生産方法

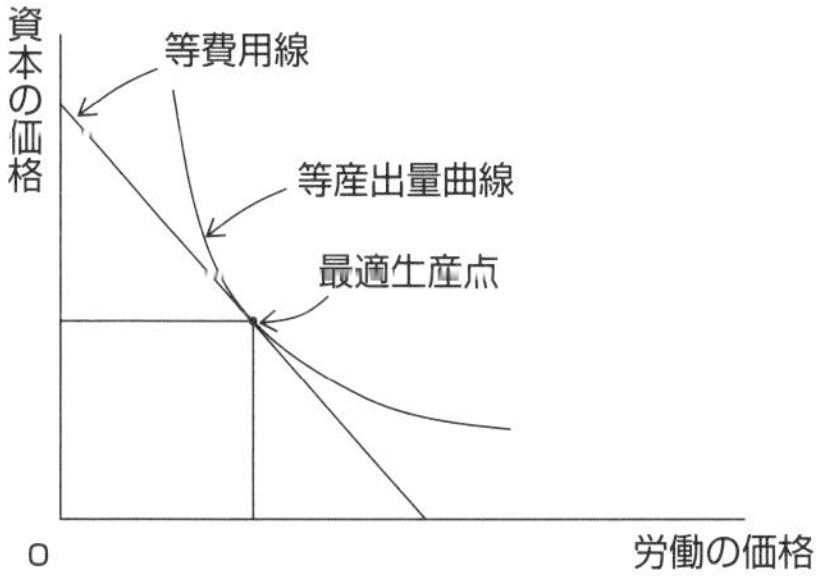

て描くことができる。結論を先に述べると、消費者の行動でも示したように、ここでも等費用線と等産出量曲線の接する点で、最適な組み合わせが実現できるのである。

この点では、等費用線の傾斜（労働の価格と資本の価格の比）と等産出量曲線の傾斜（**労働の限界生産力**と**資本の限界生産力**の比）とが等しくなっている。見方を変えるならば、それぞれの価格に比例した限界生産力が均衡している点で最適な生産方法がとられ、労働と資本の最適な組み合わせが見出されることになるのである。

需要と供給の価格弾力性

ここでは、**需要の価格弾力性**と**供給の価格弾力性**を述べることにする。これまでの検討からわかったように、ある商品の需要曲線は、価格の低下にしたがって需要が増加することから、需要曲線は右下がりの曲線として描かれる。これは、ケインズの師匠であったマーシャル以来、経済学ではそう描くことが伝統となっている。

そのマーシャルが発見したものの一つに、需要の価格弾力性がある。価格の変化に応じて需要は変化するのだが、商品によってその変化の値が異なることから、弾力性の概念が重要となるのである。例えば、高級外国車のように、わずかな価格の変化によって需要が大きく変化す

「需要の価格弾力性」の三つのケース

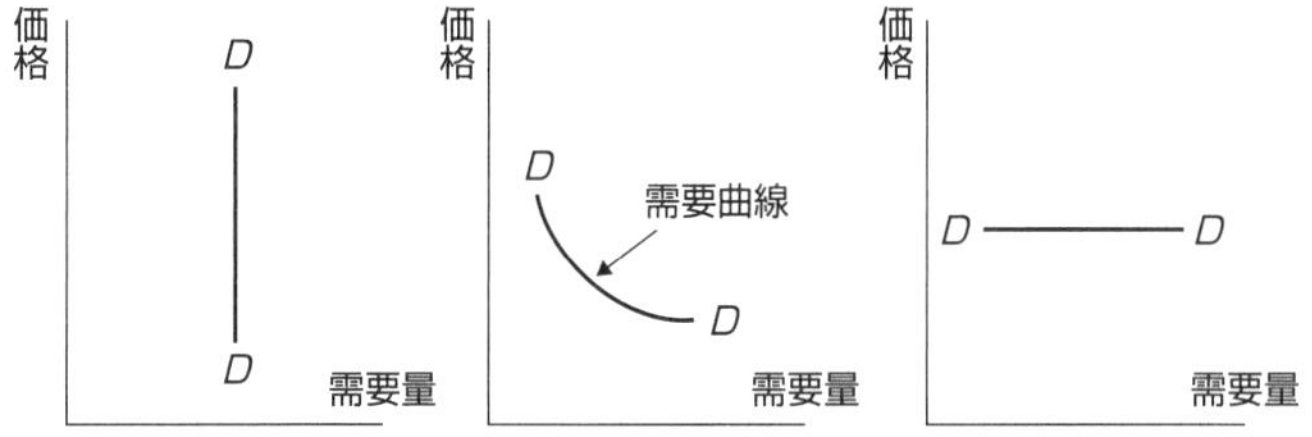

⑴ 完全に非弾力的（0）　⑵ すべての点で弾力性1　⑶ 完全に弾力的（∞）

「供給の価格弾力性」の三つのケース

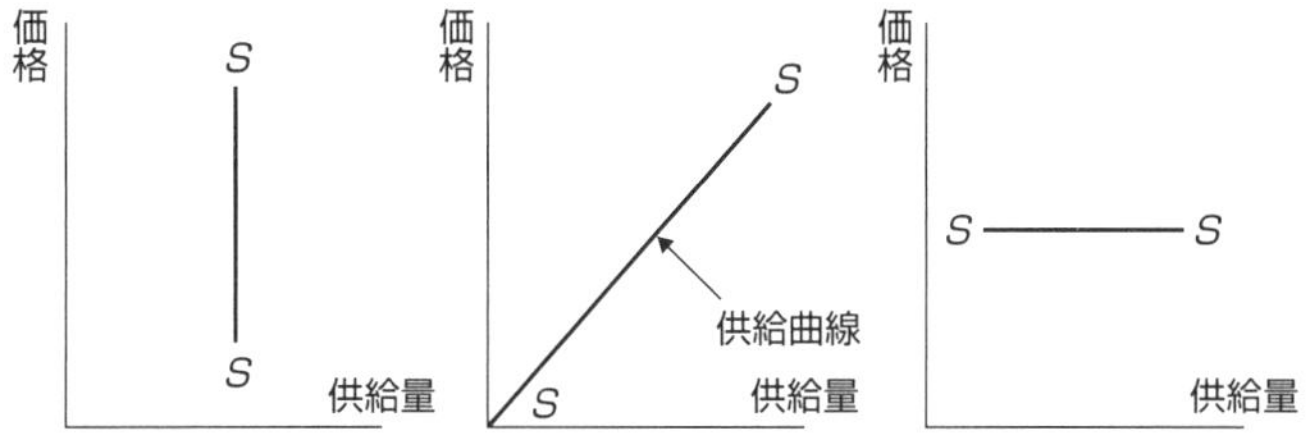

⑴ 完全に非弾力的（0）　⑵ どの点においても弾力性1　⑶ 完全に弾力的（∞）

る商品は、弾力的であると考えられる。現代では、何がその商品に該当するかを考えるのが難しくなってはいるが、嗜好品や贅沢品などの商品は一般に需要の価格弾力性は弾力的である。一方、パンやガソリンなどの生活必需品は、少々価格が上がろうが下がろうが、需要が変化することはない。このような商品は非弾力的な商品だということになる。

　この弾力性を表わすのに、弾力性係数が用いられる。弾力性係数は、需要の変化率を価格の変化率で割ったものと定義され、その絶対値が1より大きい場合は弾力的、また1より小さい場合は非弾力的、1に等しければ弾力性が1である。需要の弾力性の三つのケースを図示しておこう（前頁の上の図）。

また、供給の価格弾力性についても、同様に分析することができる。ある商品の供給曲線は、価格が上昇すれば供給量が増大することから、右上がりの曲線となる。そこで、価格の変化によって、供給がどのように反応するかを見たものが、供給の価格弾力性である。需要の価格弾力性係数と同様に、供給の価格弾力性係数は、供給量の変化率を価格の変化率で割ったものと定義できる。この係数が1より大きいときは弾力的、また1より小さいときは非弾力的、1に等しいときは弾力性が1であると言う。供給の弾力性の三つのケースについても図示しておこう（前頁の下の図）。

需要と供給の均衡

最後に、需要と供給の均衡を述べることで、この章を締めくくることとする。三四郎君はパンを買いたいと思っていたし、南山食品はパンを売りたいと考えていた。三四郎君は、パンを買って食べることで満足・効用を獲得するだろうし、南山食品はパンを製造し販売することで利潤を得ることができる。彼らは、お互いに自分たちの利益を最大にするように行動していたが、社会全体としては均衡が生まれることになったのである。それをアダム・スミスは、「利己心の原理」として説明している。

「動物はほとんどの種で、それぞれの個体は成長すると独立し、自然の状態では他の生き物の助けを必要としない。しかし、人はいつでも他人の助けを必要としており、他人の善意だけに頼っていては、助けを得られると期待することはできない。相手の利己心に訴えるほうが、そして、自分が求めている行動をとれば相手にとって利益になることを示すほうが、望みの結果を得られる可能性が高い。……（中略）……われわれが食事ができるのは、肉屋や酒屋やパン屋の主人が博愛心を発揮するからではなく、自分の利益を追求するからである。人は相手の善意に訴えるのではなく、利己心に訴えるのであり、自分が何を必要としているかではなく、相手にとって何が利益になるかを説明するのだ。主に他人の善意に頼ろうとするのは物乞いだけだ」（『国富論』第1篇第2章）

さて、需要曲線と供給曲線の交点は、言うまでもなく価格と数量の均衡点を示している。先にも述べたが、完全競争モデルでは、需要者と供給者はたくさんいるので、各自は価格を与えられたものとして行動していた。この価格を基準とする合理的行動（効用極大行動と利潤極大行動）が、三四郎君では需要曲線、南山食品では供給曲線に集約され、価格と数量の均衡点が生まれることになる。そして、このようなメカニズムを価格の自動調整機能と言ったのである。これ

需要と供給の均衡

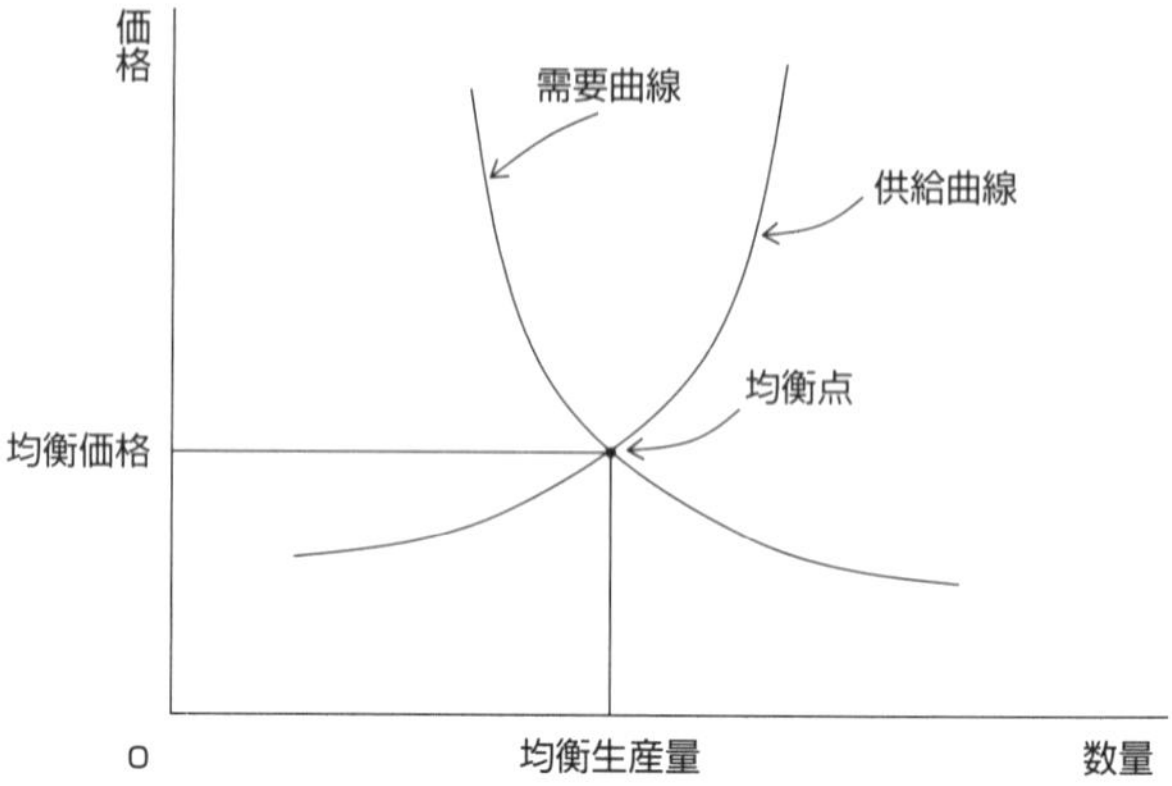

までの分析からわかるように、需要曲線と供給曲線の背後には、消費者と生産者の合理的行動が秘められており、アダム・スミス以来の価格メカニズムの重要性が理解できたものと思われる。需要と供給の均衡を図示すると上のようになる。

COLUMN 3

右脳と左脳

経済学の勉強をしていると、理論的な部分が多いために、理性や理論を司る左脳を酷使しがちである。そのために、ただ静かに休んでいるだけでは疲れは取れない。では、どうすれば良いのか。疲れを取るためには、感性や直感の脳である右脳を積極的に使えば良いと言われている。現代人は、仕事などでもストレスが溜まりやすく、左脳はフル回転をしている状態なので、努めて右脳を使うようにすると良いようだ。

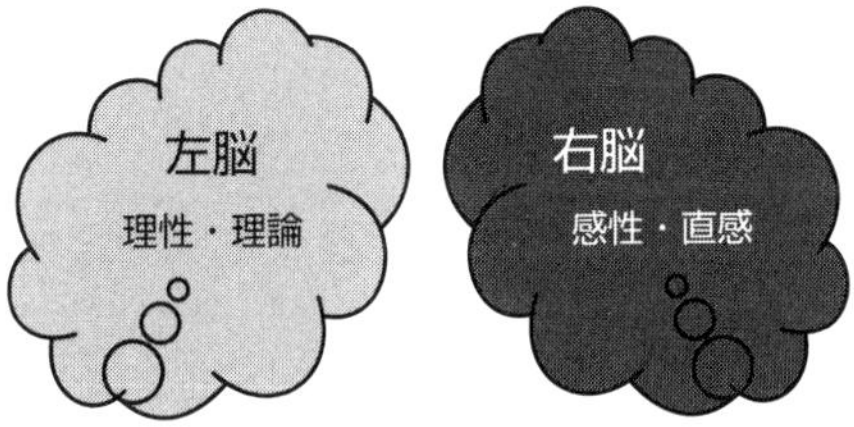

その右脳を使うのに一番適しているのが、音楽を聴き運動をすることらしい。音楽では特に、クラシック音楽が良いというのが、大脳生理学の教えである。脳波を調べてみると、ほとんどの行動が左脳を使っており、読書や勉強では特に顕著である。人間には、右脳と左脳の二つがあるので、片一方だけしか使わないのはもったいない。筆者は、小さいころからクラシック音楽に興味と関心があり、この年に至るまでクラシック音楽を愛好しているので、普通の人より少しは右脳が発達しているかもしれない。

ところで、筆者はこれまで、自分が指導している体育会の学生諸君に対して、『君たちは、運動だけしていると脳も筋肉になってしまうので、少しは勉強をして脳を柔軟にしないといけない」、と忠告していた。要するに、孔子の言う「文質彬彬《ぶんしつひんぴん》」の教えを学生に説いていたのである。「子いわく、質、文に勝てばすなわち野なり。文、質に勝てばすなわち史なり。文質彬彬として、然るのちに君子なり」。この教えは、「文」である勉強だけでは線が細くなるし、「質」である運動だけでも野卑になる。要するに、立派な人間になるためには、「文」と「質」のバランスをとることが大切であり、文武両道を目指すことが必要なのだと説いている。

しかし、右脳と左脳の知識を得てからは、「君たちは、運動だけでは右脳ばかりを使うので、もっと勉強して左脳を使うようにしなければならない」、と忠告すべきであろうか。「文」と「質」のバランスが大事であると同様に、右脳と左脳のバランスの大切さを教えなければならない。

もっとも、何をするにしても体《からだ》が資本なので、体力を鍛える意味で、適度の運動は生涯続けていくべきであろう。体育会の学生は、体力という一生の財産を獲得しているという意味で、大変素晴らしい。

COLUMN 4

経済学者と医師の役割

経済学は人の役に立っているのか。そう考えると、正直なところ、なかなか答えが見出せない。経済学の知識がなくても、立派な経営者として活躍している人はいるし、普通の人にとっては難解な経済学よりも医学のほうが、よほど人の役に立っているように見える。

大経済学者であったケインズは、経済学者は歯科医師のように、経済不況といった社会の病気が現れたときに活躍するだけで、それ以外は静かにしていたほうが良いと言う。医師も健康を害したときだけ必要なので、経済学者と医師には共通点があるように見える。以下では、その共通点について考えてみたい。

人の一生には、仏教で言うところの四苦八苦が待ち受けている。四苦とは、周知のとおり「生《しょう》病《びょう》老《ろう》死《し》」であって、誰もが避けることのできないものである。そのすべてに医師は関わる。生まれるときは産科医院での出産がほとんどだし、病気に罹《かか》ったときにまず頼りになるのが医師の判断である。老いては医師の常駐する老人施設で世話になる人も多く、死亡宣言を下すのも医師の仕事である。このように、人生の節目での関わりが多いこともあって、医師にはたくさんの権威が与えられているように見える。

第一は、知的権威である。医師は、最新の医学知識を持ち、医療技術の独占者として、患者の生《せい》殺《さつ》与《よ》奪《だつ》の権を握っている。患者は、治療の選択権を持つ彼に従う以外にすべがない。医療情報は、医師と患者では完全に非対称なのである。第二に、道徳的権威である。彼は守秘義務を持ち、患者から秘密にしておきたい病気の症状を打ち明けられる。そして、彼は当然のごとく患者を裸にして治療にあたる。食事や運動などの生活習慣についても、権威ある者のごとく指示を与える。第三は、カリスマ的権威である。医師のまとっている白衣を見ると、患者は全幅の信頼を持つ。自分自身で治せない病気、例えば癌になったときなどは、医師にすがるしか道はない。医師はカリスマなのである。

医師と比較して、経済学者には、どのような権威が与えられているのか。経済学者も、一般の人が持っていない専門的な知識を有するので、知的権威を持つ。一般の人と経済学者の知識は非対称なので、多くの場合経済学者の示す処方箋に従うほうが良い。さらに、不健康な人と同様に不健全な経済では良くないので、失業者のいない健全な経済となるように政策の提案をすることも経済学者の役目である。だから経済学者は、医師と同様に、道徳的な権威も持っている。しかし、カリスマ的権威は、ケインズのように偉大な経済学者ならば別であるが、普通の経済学者にはない。ただ、大学の教師をしている経済学者は多いので、学生諸君に対してあたかもカリスマ性があるように接していることは事実である。

さて、経済学者である大学の教師の良いところは、八苦に関する事柄にある。八苦は四苦の外に、愛別離苦《あいべつりく》、怨憎会苦《おんぞうえく》、求不得苦《ぐふとくく》、五陰《ごおん》情苦《じょうく》がある。これらは、愛する人との別れ、嫌いな人との出会い、求めても得られず、欲望への執着といった項目である。人間は、これらの八苦を自分自身でコントロールしなければならないが、そこで役立つのが大学などの学校現場であり、経済学者などの教師との出会いである。

小学校から大学へと続く学校教育で、出会いと別離を何回も経験すると教育効果が現れる。愛する人との別れや、嫌いな人との出会いなどの経験は、苦しみへの耐性を人間に与える。初恋は淡く過ぎ去り、愛しても彼・彼女が得られるとは限らない。良い成績をとろうと思って苦しむのも学業である。クラス替えで好きな人と別れ、嫌いな人と一緒になり苦しむときに、助けとなるのが教師や仲間である。学校では、自分の欲望は、極力抑えなければならない。教師や仲間との出会いは、人間が持つ八苦を緩めてくれる。

医師と教師である経済学者は、人間が持つ四苦八苦と関わるという意味では、よく似ている。しかし、四苦を扱う医師が絶対的なのに対して、八苦の教師は相対的である。医師は四苦を治療してくれるが、教師は八苦を治してはくれない。教師は、苦しみ悩む学生に寄り添うだけであるが、人生の喜怒哀楽《きどあいらく》は八苦すべてが関わるので、その意味では教師の役割も捨てたものではない。多くの学生に寄り添って、八苦の苦しみを和らげることが、経済学者としての教師である筆者の役割である。ただ、自分の専門を教えるだけの教師であってはならない。

第3章

マクロ経済学のおもしろさ

三面等価の原則

アダム・スミスは、『国富論』の「序論と本書の構成」で、次のような名言を残している。

「どの国でも、その国の国民が年間に行なう労働こそが、生活の必需品として、生活を豊かにする便益品として、国民が年間に消費するもののすべてを生み出す源泉である。消費する必需品と便益品はみな、国内の労働による直接の生産物か、そうした生産物を使って外国から購入したものである」

国民所得とは、アダム・スミスの言うとおり、国民の労働により年々生産される生活必需品などの商品やサービスのことで、フローで捉えられる。また、国民所得の流れを理解するのに、どの角度から捉えるかによって三つの見方があり、それぞれ**生産国民所得**、**分配国民所得**、**支出国民所得**と呼ばれる。

三面等価のイメージ

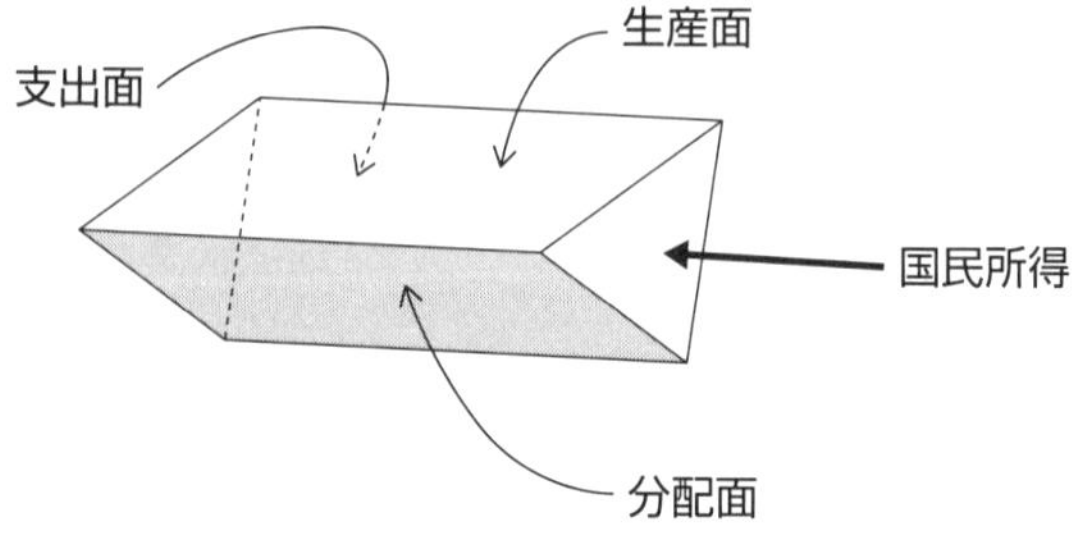

生産国民所得は、企業によって生産された生産財であり、投資財生産と消費財生産の合計で表わされる。分配国民所得は、生産財を販売することから得られる収入を各生産要素に分配したもので、雇用者所得である賃金、企業所得である利潤、財産所得である利子・地代などである。最後に、支出国民所得は、生産財の需要と考えられ、消費と投資（貯蓄）、政府支出、純輸出に分けることができる。これらの値は、企業間の取引や政府の役割、さらには時間の遅れや物価の変動など、現実の経済では修正する余地を残しているが、理論的に見ると等価となる。そのために、生産面、分配面、支出面の国民所得が等しいことを、**三面等価の原則**と呼んでいる。

国民所得の範囲と大きさ

国民所得の分析では、中古品売買などの経済活動を、考察の対象から除外している。車やマンションなどでは、新車や新築のときにカウントしているので、中古品は除外するのである。また、取引を伴わない経済活動であっても、国民所得に算入されるものもある。このように、国民所得の範囲は少し複雑で、初学者にはわかりにくい。例えば、農家が自分のところでつくったもので、市場に出さない商品を自家消費した場合、取引は行なわれないが、国民所得に算

国民所得の範囲

	取引される生産活動	取引のない生産活動
算入	原則として すべて算入	① 農家の自己消費 ② 自己所有の住居 ③ 公務員のサービス ④ 企業の実物供与
除外	① 中古品の売買 ② 贈与や寄付 ③ キャピタル・ゲインやロス	① 主婦の家事労働 ② 家庭農園

入する。個人所有のマンションや一戸建て住宅も、賃貸住宅のように家賃を払うわけではないが、毎年の国民所得として算入している。警察など公務員による公共サービスや金融機関が獲得する利子などは、当然のことながら国民所得に算入する。

最も問題なのは、主婦の家事労働であろうか。結婚前に家政婦として働いていた女性がその家の男性と結婚すると、家政婦分の国民所得が減少してしまう。自宅の庭や借りた農園でつくった作物も、国民所得には算入されない。また、盗みや密売、贈与や寄付、**キャピタル・ゲイン**やロスなどは国民所得には算入しない。しかし、中国で発生しているＰＭ２・５などの大気汚染対策で必要な防塵用マスクや空気清浄機を各家庭が購入したり、現代人のように自然への適応が弱くてエアコンを1年中使用したりすると、国民所得は増大する。このようなことから、国民所得の大きさは、国民の幸福や福祉を図る指標として問題があるが、大まかな数値を比較するという意味で、多くの人々や国では有用な指標であると見なされている。

国民所得の概念

国民所得を考えるときに注意しておかなければならないことは、多くの商品やサービスを合計する際に貨幣を用いることである。そのために、貨幣価値の変動を除去しておく必要があり、貨幣で量った**名目国民所得**を**物価指数**で調整した**実質国民所得**を算出しなければならない（実質国民所得=名目国民所得／物価水準）。また、国民所得の計算においては、絶えず重複計算の危険が伴う。例えば、南山食品がパンを製造したとき、当然のことながら小麦粉を使ってパンを焼くが、パンの原料である小麦や小麦粉の価値を算入すると重複計算となる。そのようなことを避けるために、国民所得の計算においては各段階の儲けである「付加価値」を合計する。

国民総所得は、ＧＮＩ（Gross National Income）と表現され、その国の人々が1年間に得た所得を示す。先の三面等価の原則では分配国民所得に相当し、労働者への賃金などの雇用所得、企業の利潤である企業所得、財産を持っている人たちが受け取る利子や配当などの財産所得などからなっている。もちろん、**国民総生産**（ＧＮＰ：Gross National Product）という概念のほうがわれわれにはなじみがあり、１９９６年以降は**国内総生産**（ＧＤＰ：Gross Domestic Product）のほうがポピュラーとなっている。前者はその国の人々（日本人）が1年間に生産した付加価値の合計であり、後者はその国に住んでいる人が1年間に生産した付加価値の合計である。

日本の場合は、近年海外からの受け取り所得が増えていることから、GDPよりもGNI（GNP）の数値が高くなっており、GNIを使った記述が多くなりつつある。安倍首相が2013年の「アベノミクス」で、一人あたりのGNIを10年で150万円増やすと明言したことから、GNIという概念が注目を集めた。人口の減少や高齢化などで、GDPの増大は見込みにくいが、海外の資産から得られる利子や配当はGNIを増大させる。海外投資による収益は、今後の日本経済を大きく左右する要因の一つであり、GNIが着実に増大していくことは間違いない。このことから、識者の間では、国民所得の概念として、国民総所得であるGNIを用いることが提案されている。

もっとも、先に述べた三面等価の原則からもわかるように、GNIは**国民総支出**（GNE：Gross National Expenditure）とも等しいので、消費と投資（貯蓄）に分けることができる。次節の「国民所得の決定」では、この国民総支出の構成要素である、消費、投資、貯蓄を用いて分析してみることにする。

国民所得の決定

ここからは、マクロ経済学の中心問題である国民所得がいかに決まるかについて論じてみたい。価格の分析と同じように、ここでも前提条件が四つある。第一は、「政府」や「海外」を除外するというものである。しかし、この前提は完全競争モデルと同じように、「政府」や「海外」という要因が重要でないということを意味しない。第二は、企業は自分たちの儲けを溜め込まず、すべてを投資に回すというものである。要するに、法人の**内部留保**はゼロと考える。第三は、投資を**独立投資**だけと考え、国民所得とは無関係に決まるものとする。最後の一つは、供給は需要に伴って即座に増大するというものである。以上の前提条件の下に、国民所得の決定を論じてみたい。

ノーベル賞を2008年に単独受賞したプリンストン大学のポール・クルーグマンは、共著である『マクロ経済学』第11章「所得と支出」の中で、国民所得の決定を所得・支出均衡として論じている。彼は、その中で、「所得・支出均衡を、意図した総支出を表わす直線と45度線の交点として表現した図は、経済思想の歴史の中で特別な役割を持っている。この図は**45度線図**（**ケインジアン・クロス**）と呼ばれており、20世紀の偉大な経済学者の一人でノーベル賞受賞者でもあるポール・サミュエルソンが、マクロ経済学の創始者として知られているジョン・メイナード・ケインズの思想を説明するために考案したものだ」、と述べている。以下では、

ポール・クルーグマン
写真提供：産経新聞社

ケインジアン・クロス

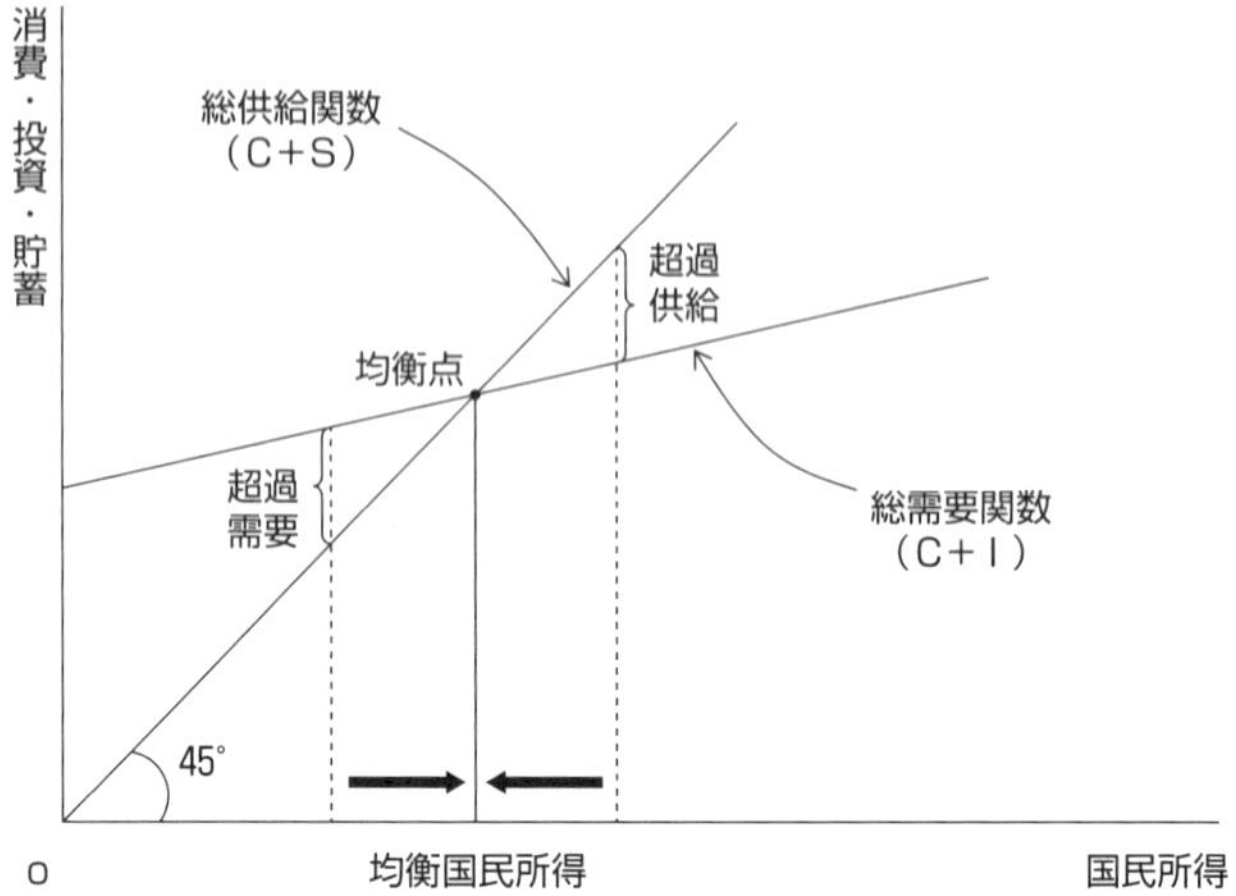

クルーグマンに従い、ケインジアン・クロスを用いて国民所得の決定を論じてみたい。

まず、縦軸には、国民総支出の諸概念である消費・投資・貯蓄をとる。また横軸には、国民所得をとる。さて、**消費関数**は、「C=A+cY」と表わすことにする。ここで、Cは消費、Aは基礎的消費部分、cは限界消費性向、Yは国民所得を示している。要するに、消費は国民所得に依存するのであるが、「0<c<1」の性質を持つ**限界消費性向**といった心理的要因に大きく依存している。また、限界消費性向は**乗数**とも関係しており、前者が高ければ後者の値も大きく、低ければ小さい［乗数=1/(1－c)］。

さて、**貯蓄関数**は、「S=－A+sY」と表わす。ここで、sは**限界貯蓄性向**を表わし、所得の増加分のうちどれくらい貯蓄するかを示しており、「c+s=1」という関係が成立している。すなわち、限界消費性向と限界貯蓄性向を足し合わせると1となるのである。投資関数Ⅰは、独立投資であるので一定となり、横軸に平行な直線で表わすことができる。

次に、総供給は「C＋S」であり、45度線として表現される。また、総需要は「C＋I」であり、限界消費性向を傾きに持つ直線で示される。このような準備をしたうえで、均衡国民所得を求めてみると、それは総供給である45度線と総需要を示す直線の交点で与えられる。この点がなぜ均衡国民所得と言えるかは、均衡点よりも左側では、**超過需要**が発生するので生産は拡大され、国民所得は増大するし、均衡点よりも右側では**超過供給**が発生し、生産が縮小に向かい、国民取得が減少するからである。以上のことから、ケインジアン・クロスを図示すると、前頁のようになる。

完全雇用の国民所得

これまでの分析は、均衡国民所得を求めるものであった。しかしながら、この均衡水準は、働く能力があり、働きたい人がすべて働き得るという意味での完全雇用の国民所得ではなかった。ケインズは、『雇用・利子および貨幣の一般理論』（以下、『一般理論』と略す）の第1篇第3章の末尾で、以下のように述べている。

完全雇用の国民所得

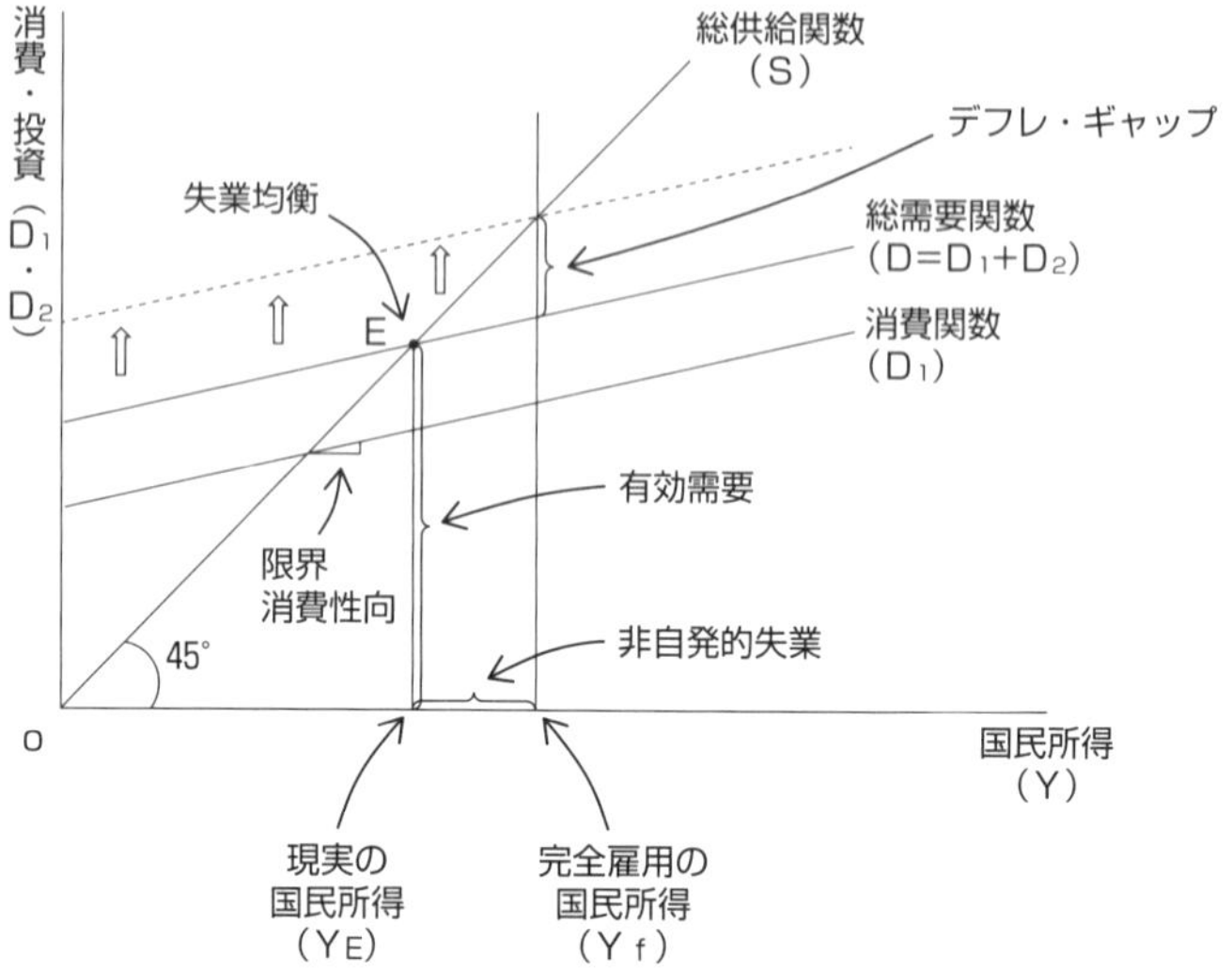

「雇用が増加するとき、消費は増加するであろう。しかし、それは有効需要と同じだけは増加しない。その理由は、われわれの所得が増加するとき消費も増加するが、後者は前者と同じだけは増加しないからである。われわれの実践的な問題への鍵は、この心理法則の中に見出されなければならない。なぜなら、このことから雇用量が大きくなればなるほど、それに対応する産出量の総供給と企業者が消費者の支出から取り戻すと期待することのできる額との間の開きがますます大きくなるからである。したがって、もし消費性向に変化がないとするなら、総供給と消費との間の増大していく差を埋めるよう

に、投資が同時に増加しない限り、雇用は増加できない。こうして、雇用が増加する場合に、総供給と消費との間の拡大していく差を埋めるに足るだけ、つねに投資を増加させるなんらかの力が作用しているという古典派理論の特殊な想定に基づかない限り、経済体系は完全雇用よりも低い水準の均衡国民所得、すなわち総需要関数と総供給関数との交点によって与えられる水準を持つ安定的均衡の状態におかれるのである」

では、どうすれば、完全雇用の国民所得まで、雇用を増大させることができるのであろうか。そこで、ケインジアン・クロスを用いて、このあたりのことを示してみたい（前頁の図を参照）。すなわち、消費と投資の合計である総需要を拡大することによってデフレ・ギャップ（総需要の不足）を解消することで、完全雇用の所得水準が導かれる。そのために、政府の経済政策としては、買いオペ（買い操作：不況のときなどに市中銀行の債券を買い戻すこと）などの金融政策を通じた金利水準の引き下げ、財政政策による減税や補助金、最後に赤字国債の発行による公共事業などの施策が挙げられる。これらの政策により総需要が拡大することで、理論上は完全雇用の所得水準が達成できる。

ＩＳ－ＬＭ分析

現代のマクロ経済学では、国民所得の決定理論として、これまでの45度線（ケインジアン・クロス）分析に加えて、１９７２年にノーベル経済学賞を受賞したジョン・リチャード・ヒックスの**ＩＳ－ＬＭ曲線**がよく知られている。これは、財市場と貨幣市場を念頭において、両者の均衡関係を表現したものである。

ＩＳ曲線は、財市場が均衡する利子率と国民所得の関係を示す。利子率が低下すれば、投資は増大して国民所得が上昇することから、ＩＳ曲線は右下がりの曲線となる。一方、ＬＭ曲線は、貨幣市場が均衡する利子率と国民所得の関係を示す。国民所得が上昇すれば、貨幣需要は増加して利子率が上昇することから、ＬＭ曲線は右上がりの曲線となる。両者が交わるところで均衡し、均衡利子率と均衡国民所得が得られる（次頁の図を参照）。

先ほどの説明と同じように、この均衡国民所得は、残念ながら完全雇用の国民所得水準ではない。現実には、働きたくても働けない非自発的失業が存在するのである。非自発的失業を解消するには、政府の経済政策が必要である。ケインズ政策の一つである金融緩和政策を行なうとＬＭ曲線が右下にシフトし、新しい国民所得と交わる。また、財政政策である赤字国債の発行による公共投資は、ＩＳ曲線を右上にシフトさせることにより、国民所得は増加し非自発的

IS=LM曲線

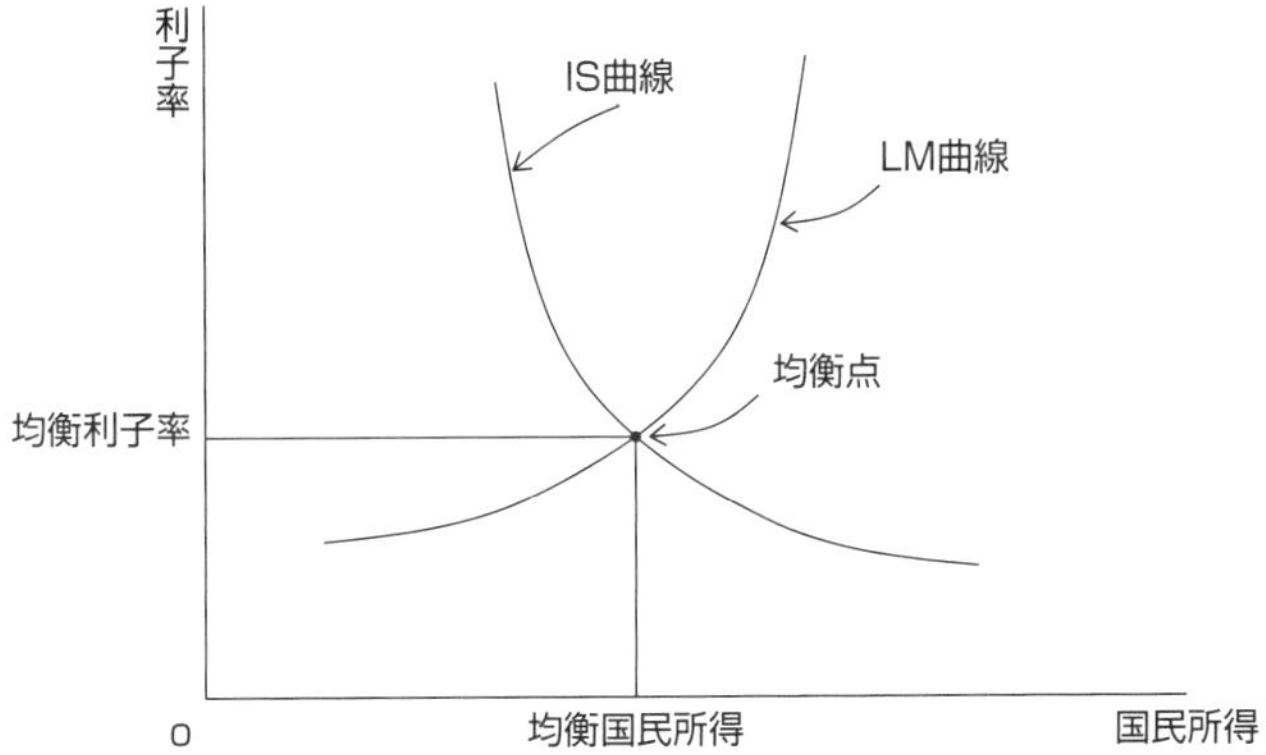

失業を解消することができる。このように、金融政策と財政政策を組み合わせて、経済を望ましい均衡水準に誘導することを**ポリシー・ミックス**と呼ぶ。

さて、アベノミクスの第一の矢は、「大胆な金融政策」として量的金融緩和を打ち上げ、異次元の金融緩和により金利をゼロにすることで、需要（消費や投資）を増大させる政策であった。この政策はLM曲線を右下にシフトさせ、利子率の下落と国民所得の増大をもたらした。第二の矢である「機動的な財政政策」も、財政出動による公共投資を行なうことで需要を増やす政策であり、IS曲線を右上にシフトさせ、利子率の上昇と国民所得の増大をもたらす。今のところ、大胆な金融政策のほうが有力であったので、利子率下落による「円安」と、それによる企業業績の改善から「株高」となっている。しかし、IS曲線のシフトからもわかるように、政府による貨幣需要の増大が利子率の上昇を引き起こすことになると、民間の投資を締め出す「クラウディング・アウト」をもたらす可能性がある。

ＩＳバランス論

マクロ経済学でよく使われるのが、**ＩＳバランス論**である。この理論は、一部に批判があるように見受けられるが、各経済主体の行動と主体間での資金の流れを把握する際に、とても便利である。例えば、家計と企業の2経済主体だけを考えると、一般には、家計においては貯蓄超過が発生しやすいが、企業では投資超過が起こることが多いので、それらを相殺することで経済のバランスが生まれる。

国民総支出を家計と企業だけではなく、政府と海外にまで拡大して考えると、「GDP=C+I+G+(X－M)」となる。ここで、Cは消費、Ｉは投資、Gは政府支出、(X－M) は純輸出である。政府支出には、最終消費支出に投資支出を加えているし、純輸出には要素所得も含めているので、いわゆる**経常収支**と考えてよい。一方、処分面から国民所得を見ると、「GDP=T+C+S」が成立する。ここで、Tは税金、Cは消費、Sは貯蓄である。両式を重ね合わせると、「C+I+G+(X－M) =T+C+S」となる。両辺から消費を削除し変形すると、われわれが必要とするＩＳバランス式「(S－I)＝(G－T)＋(X－M)」が導出される。左辺は貯蓄と投資の差を示しており、右辺は政府の財政収支と海外の経常収支との和を示している。

この恒等式の意味するところは明白であり、貯蓄が多く投資の少ない貯蓄超過の国は、政府の財政赤字と経常収支の黒字で対応しなければならないということである。日本の場合は、これまでもそうであったように、家計や企業の貯蓄が投資に回っておらず、貯蓄超過が発生していたので、その貯蓄超過分を政府の財政赤字と海外の経常収支黒字でバランスをとっていたのである。

近年のアベノミクス以降は、家計だけでなく、企業でも内部留保という名の貯蓄超過が目立ち、それを政府日銀が「国債」という名の公的債務でバランスをとっているのが現状である。また、過剰な貯蓄を海外に輸出すること、すなわち経常収支の黒字を拡大することも可能であろうが、海外からは不評を買う行動である。だから、国内の過剰な貯蓄を消費や投資につなげるような、賢明な政策を行なう必要がある。例えば、優良企業が労働者の賃金を上げることは、労働者の消費拡大と内部留保の削減に効果があるので、ぜひ実施すべきであろう。

意外に簡単な経済成長

さて、三面等価の原則から、ＧＮＩは国民総生産（ＧＮＰ：Gross National Product）に等しい。

GNPは、「その国の人々（日本人）が1年間に生産した付加価値の合計」のことであるが、先にも指摘したとおり、1996年以降は「その国に住んでいる人が1年間に生産した付加価値の合計」を示す国内総生産（GDP：Gross Domestic Product）のほうがポピュラーとなっている。

以下では、そのGDPを用いて経済成長を考えてみたい。経済成長を考察するにあたっては、GDPを生み出すのに、どの程度の**投入**（input）が必要かを考える。ここでは投入として、資本、労働、技術の三つを考えることができるが、議論を簡略化するために資本のみの投入とする。

ここで、GDPをY、資本をKとすると、「Y=aK」となる。なお、aは**「資本の生産性」**を示し、資本1単位が生み出すGDPの大きさを表わす。aが大きければ資本が効率的に使われており、逆の場合は不効率な使用を示す。

次に、増加分を考慮して両辺をYで割ると、「ΔY/Y=a×(ΔK/Y)」となる。これは、左辺が**「経済成長率」**を示し、右辺がa×「GDPに対する新規投資の割合」である。すなわち、「経済成長率」は、「資本の生産性」と「GDPに対する新規投資の割合」の積で表わすことができる。

現在の日本は、GDPが約500兆円で、資本の生産性が0・25、GDPに対する新規投資の割合が約4％なので、経済成長率は1％である。経済成長率を上げるためには、GDPに対する新規投資の割合を今以上に拡大し、さらに情報通信技術や人工知能などの**イノベーション**

を駆使して資本を効率的に使うことが大切である。ここでは、**労働の生産性**を考慮に入れていないが、女性や高齢者、あるいは外国の労働者などを活用して、知識や技術の習得を前提とした労働の生産性を今よりも格段に高めるならば、それに比例して経済成長率も高まることは言うまでもない。

消費行動と貯蓄行動

ここまでの議論は、少し概念の説明や理論の紹介に偏っていたと思われるので、本章の最後にわれわれの実際の消費行動と貯蓄行動を見ておくことにしたい。

われわれは、自分の欲求を満足させるために消費や貯蓄を行なう。消費を行なえば、現在の効用・満足が得られ、貯蓄を行なえば、将来の安心・満足が得られる。消費には、①生理的欲求を満たすもの、②安全欲求を満たすもの、③社会的欲求を満たすもの、④自己実現の欲求を満たすものなどがある。例えば、衣・食・住は生活の基本であるし、国防・警察・消防は安全・安心に欠かせないものである。さらに、われわれは社会的動物であるので、所属・是認・支配・従属などの欲求も不可欠であるし、芸術・文化などの人間らしい行動も必要であろう。

近年では、そのような、われわれの生活に必要不可欠な消費ではなく、自分の地位や生活水準を見せびらかす消費（**顕示的消費**）も増えている。このような消費については、社会学などで分析が進んでおり、社会的権威づけや他人との差異化を示すものとされているが、規範による規制を欠いた欲求が無制限に膨れ上がることで、その満たされない欲求が人を悩ませて**アノミー**状態に追いやることも指摘されている。もともと、消費は、われわれの幸せのために行なわれる行為であるが、現代社会では覚醒剤の使用など、病的な消費行動が多々見られるのも事実である。

経済学では、アダム・スミスが述べたように、「消費が経済の最終目的（目標）である（Consumption is the final end of the economy.）」と考えて議論をすることが多い。その意味するところは、消費活動こそが人々の幸せ（happiness）に直結すると思われるからであり、それがＧＤＰ（国内総生産）に最大の貢献をしているからである。しかし、幸せは消費活動以外に、われわれの社会に関する多くの要因に依存していることも忘れるべきではない。例えば、文明を支えている科学技術、人類の平和、人権や自由、地域や家族などの社会環境などがそうである。われわれは、相手のことを思いやった「同感の原理」を満たすような最適な消費行動を行なっていくべきであろう。

次に、貯蓄について考えてみたい。貯蓄をする理由としては、①経済的危機への対処、②将来の大口支出への対処、③財産としての運用、④貯蓄を美徳と考える精神などが挙げられるだろう。われわれは、病気や災害のためにある程度の貯蓄は必要であろうし、住宅の購入などの

日本人とアメリカ人の貯蓄資産割合(2015年)

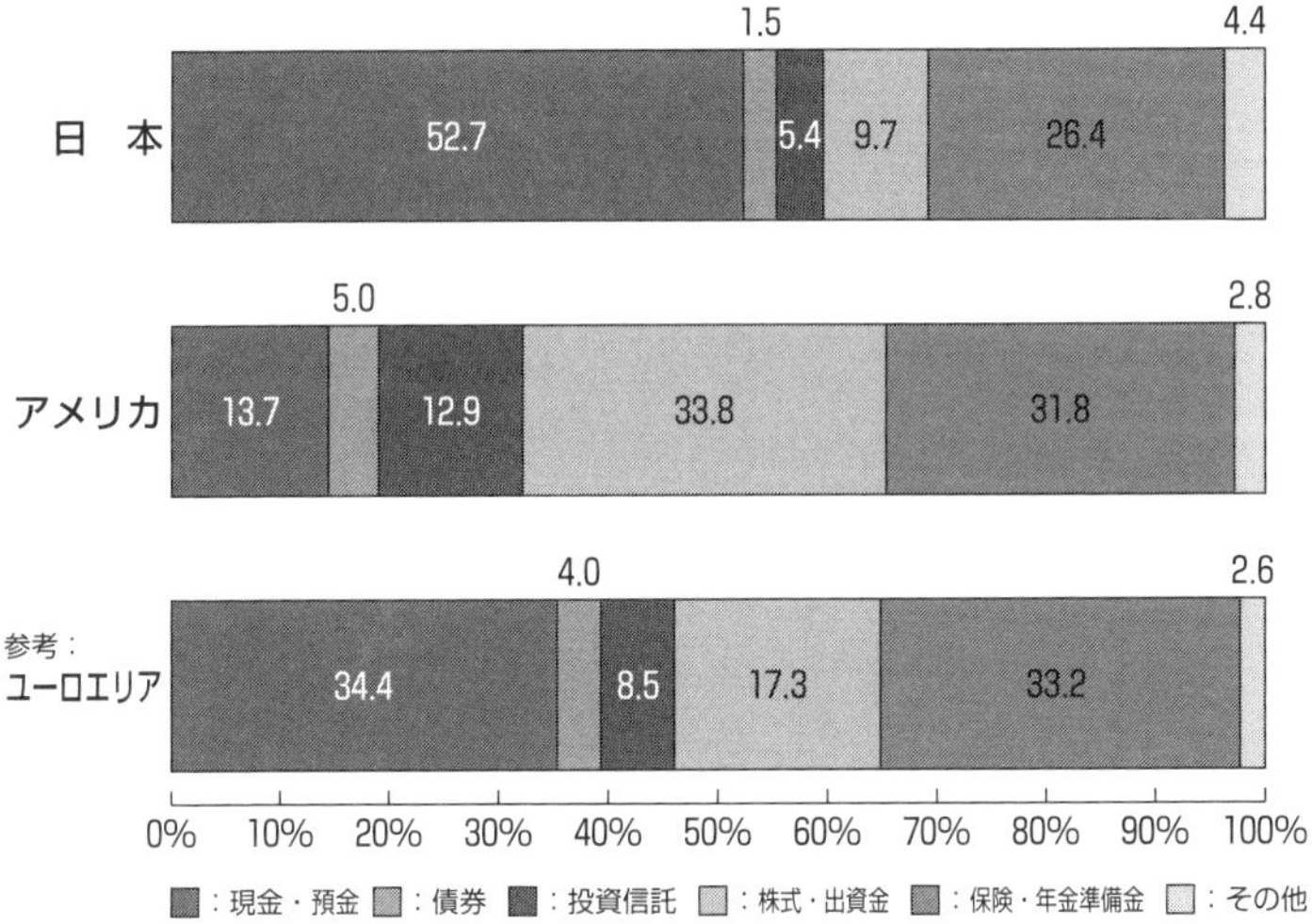

出所：日本銀行

ために貯蓄することは当たり前となっている。日本人はアメリカ人と違って、貯蓄を定期預金などで運用している人が多いように見受けられるが、**ゼロ金利やマイナス金利**が日常となった今、少しはリスクをとって株式などの購入に貯蓄をシフトしていく必要がある。

貯蓄は、国が貧しいときには、個人にとって必要だと言うだけではなく、社会全体にとっても意義あるものである。第二次世界大戦後の日本は、国づくりのために大量の資金が必要であったが、その幾分かはわれわれの貯蓄からもたらされた。世界の経済状態が好調であったために、それらの貯蓄が投資へと使われることで、奇跡的な復興を成し遂げることができたのである。テレビや自動車などの生活必需品をはじめ、道路や下水道、新幹線、高速道路、空港の整備など、現在の豊かな日本をつくり上げることに成功したのも、われわれが勤勉に働いて貯蓄した成果であった。

しかし、成熟社会を迎えた今、われわれの1700兆円（2015年度）に上る貯蓄は、どこに行くのであろうか。貯蓄を増やせば、消費が減るのは当たり前である（**トレード・オフ**）。この貯蓄過剰の問題は、第6章の「日本の財政と金融」で議論するので、ここでは取り上げないが、経済学の難問の一つとなっていることは指摘しておきたい。人々の貯蓄行為が、不況期になっても継続していることが、諸悪の根源となっていることは、ケインズも次のように強く指摘している。いわゆる、**「貯蓄のパラドックス」**という問題である。

「われわれが美徳に秀でていればいるほど、著しく節倹に富んでいればいるほど、国家の財政と個人の家計において頑固なほど正統的であればあるほど、利子が資本の限界効率に比べて上昇するとき、われわれの所得はますます大きく低下しなければならないであろう。頑固さは報酬をもたらさず、懲罰をもたらすのみである」（『一般理論』第9章）。

ケインズの言う懲罰とは、労働者の失業のことである。不況期の貯蓄は、消費の減少を通じて、企業業績の悪化をもたらし、その結果が労働者の失業となって現れる。われわれは、様々な理由（用心・深慮・打算・向上・独立・起業・自尊・貪欲）で貯蓄を増やしていくが、その貯蓄がめぐりめぐってわれわれの職を奪ってしまうのは、何たるパラドックスであろうか。民間企業も、ケインズの言うように、①企業動機、②流動性動機、③向上動機、④堅実金融動機と安全第一の配慮などで貯蓄を増やしている。日本では、企業の貯蓄にあたる「内部留保」は、300兆円（2015年度）を超えた。景気を良くしたいのなら、家計では消費を、企業では投資を拡大するしかない。このまま懲罰を受け続けるのは、何としてでも避けたいところである。

COLUMN 5

ケインズの総需要管理政策

新自由主義の経済政策は、**自生的秩序**を重んじてできるだけ政府の介入を控え、各自の自由に任せることが大切だと説く。これは、アダム・スミス以来の伝統的な考え方である。

人間でも体が健康なときは、医者にかかる必要はなく、各自の自由な判断に任せたほうが良いに決まっている。

しかし、経済が病気になったとき、経済学者の忠告が、あなたは何もせず休んでいなさいと言うのでは、経済学者は無用であるとケインズは言う。経済社会を安定させて自由を守るために、政府は経済に介入して病気を治さなければならない。

政府が財政政策や金融政策を用いて、総需要の管理や調整を行ない、一国全体の経済活動を国民にとって望ましい水準に維持する政策のことを、**総需要管理政策**と言う。

読者の皆さんも知っているとおり、景気が悪くなったときには、金利を下げて投資需要を喚起し、所得税や法人税の減税を行なって消費需要や投資需要を拡大させる。それでも景気が回復しないときには、国債を発行してでも公共投資を増大し、不況を克服しなければならない。安倍首相が行なった「アベノミクス」の三本の矢政策のように、政府自身が総需要を増大させる政策をとる必要がある。

幸か不幸か、資本主義経済は市場の失敗により、公共財やサービスの提供があまりできないでいる。多くの企業は、儲からないものはつくらないし、無駄なサービスに資源を注入しようとしない。それゆえに、不況は**社会的共通資本**を充実させるチャンスでもある。

政府は、日本の命運を握るエネルギー政策をしっかり考えると同時に、日本各地に新幹線や高速道路を整備し、港湾施設や橋梁の改修などを積極的に推し進めるべきであろう。

さらには、自然環境の保全や社会福祉の充実、次世代技術の開発、少子化対策の充実なども行ないたい。不況の今こそ、ピンチをチャンスに変えていくべきである。

COLUMN 6

合成の誤謬とは何か

個人としては合理的で正しい行動であっても、多くの人がそのような行動をとると、社会全体では良くない結果となることがある。これを「**合成の誤謬《ごびゅう》**」(fallacy of composition)と呼ぶ。

例えば、われわれはこれまで、エネルギーをふんだんに使ったアメリカのような快適な生活を夢見てきた。暑くなればクーラーを使い、寒くなれば温風ヒーターを使うというエネルギー多消費型の経済社会を志向してきたのである。このような生活は、個人にとってはとても快適な暮らしであり、アメリカではエアコンが1年中作動し、室内の温度を快適な水準に維持していると聞く。

しかし、このような快適な生活を世界中の人々が実行しようとすると、エネルギーの需要は拡大の一途を辿り、最終的には地球環境に大きなダメージを与えてしまうことは間違いない。

エアコンに使う電気エネルギーをつくるために石油や石炭を燃やし続けると、二酸化炭素濃度の増大から地球温暖化に歯止めがかからなくなり、天然資源の枯渇と自然環境の悪化が同時に進行する。温暖化により、北極の氷が解けて海水面が上昇すると、多くの国に災難をもたらすし、水没してしまう国が現れるかもしれない。

また、不況になると、人々は自己防衛本能から、消費を控えて貯蓄を増やそうとする。日本ではこれまで、質素倹約が美徳とされたこともあり、節約をする行為が個人にとっては立派なものと考えられている。日本が貧しかったころや経済が発展を続けているときは、このような節約は社会に良い影響をもたらした。日本の驚異的な経済発展（高度経済成長）は、その多くが人々の勤労と貯蓄によってもたらされたからである。

しかし、経済が不況に沈んでいるとき、そのような貯蓄により増大したお金は行くあてを失い、浮遊し続ける。人々は、必要な消費を削ってまで貯蓄を増やそうとする。そのために、企業は商品やサービスが売れず、生産を減らさざるを得ない。生産のために雇われた労働者はリストラの対象となり、新卒学生も働く場所を得られず、路頭に迷う。要するに、不況のときの貯蓄は、個人にとっては一見貯蓄が増えて美徳のように見えるが、社会全体で見ると不況を深刻化させることから、悪徳となるのである。貯蓄には、時に応じて美徳と悪徳の二面性があると教えることが、経済学に課された役割である。

COLUMN 7

ニュートンは相場師だった？

金本位制とは、中央銀行が発行した紙幣と同額の金を保管し、金と自由に交換できる制度である。この金本位制の生みの親が、イギリスの王立造幣局長官であったニュートンであった。

ニュートンとは、あの『プリンキピア（自然哲学の数学的諸原理）』（１６８７年）を書き上げ、**「万有引力の法則」**など、数々の発見をしたアイザック・ニュートンその人である。

彼は、ケンブリッジ大学の数学・物理学教授であったうえに、晩年は数々の功績により英国学士院の会長を務め、イギリス学術界の頂点に立つ。その彼が、王立造幣局の長官に任命されたときに、偽金づくりの撲滅をきっかけとして金本位制は生み出された。

ケインズは、幼少のころから古書の収集を趣味としており、１９３６年には大枚をはたいてニュートンの蔵書やマニュスクリプトの一部を購入する。それらの稀覯書《きこう》が、売買により散逸することを恐れての行動であった。彼は、それらの資料を読み進めるうちに、ニュートンが天才天文学者・物理学者であると同時に、**錬金術師**にして異端の神学者であり、**南海バブル事件**時の相場師（株式投機家）であることを発見して驚きの声をあげた。

ニュートン生誕３００年祭のために書かれた論文「人間ニュートン」（１９４６年）には、「彼は、19世紀の人たちがつくり上げた人物像とは異なり、まったく並外れた人物であった。天才というものは、優れて特異な存在である」、とある。

さらに、後段では「ニュートンは理性の時代に属する最初の人ではなかった。彼は、最後の魔術師であり、最後のバビロニア人でシュメール人であった。また、1万年には少し足りない昔に、われわれの知的財産を築き始めた人たちと同じような目で、可視的および知的世界を眺めた最初の偉大な人物であった。彼は、1642年のクリスマスに生まれた父親のない遺児であって、博士（**マギ**）が心からの、しかもふさわしい尊敬を捧げることのできる最後の神童であった」、とも付け加える。

アイザック・ニュートン

　ニュートンの出自はケインズが書いたとおりだが、母親が牧師と再婚したこともあり、彼は祖母によって育てられる。体が小さく内向的であったために、12歳から入った学校でも決して目立つ子どもではなかったらしい。しかし、学問に対しては大きな関心を持ち、科学書を読みあさり、水車づくりなどに熱中する。そのためもあってか、祖父の勧めなどにより、1661年に**トリニティ・カレッジ**に入学を許可される。大学での出会いも幸いした。アイザック・バロー教授にかわいがられ、1669年には彼の後任としてルーカス数学講座の教授となる。その後の活躍は、多くの人の知るとおりである。
　ニュートンは、天文学や数学などの業績により、伝記的な英雄として語られることが多いが、ケインズは錬金術や聖書研究、さらには株式投機を行なった人物として再評価した。このよう

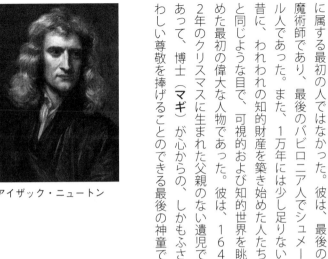

な再評価は、ニュートンの実像を知るという意味では良いことであろう。遺髪からは水銀が検出され、トリニティ・カレッジの教授でありながら三位一体説を否定し、さらには南海会社株に1万ポンドも投資した末に株の暴落により損失を被る。

われわれが少し気になるのは、聖書の**「ダニエル書」**や**「ヨハネの黙示録」**研究から引き出されたニュートンの終末論である。彼によると、早ければ2060年に世界の終末がくると言う。彼の予言が当たらないことを祈る。

第4章

景気はどう動くか

景気とは何か

実業界で活躍している人なら、「景気とはある時点での経済活動の状態である」、と即答するに違いない。ヨゼフ・アロイス・シュンペーターの『景気循環論』（1939年）には、「正常あるいは均衡よりも上にあるときには景気が良いといい、それよりも下のときには景気が悪いという」、と書いてある。また、岩波書店の『広辞苑』を開いてみると、「景気とは、1．様子、けはい、ありさま、2．景観、景色、また景観を添えるもの、3．和歌・連歌・俳諧で、景色や情景をありのままに詠んだもの、4．人気、評判、5．元気、威勢が良いこと、6．売買・取引などの経済活動の状況」、とある。

景気とは、〝様子〟や〝けはい（気配）〟ということなので、景気を考える場合には、「気」が大事な気がする。先の『広辞苑』によると、「気」とは、「1．天地間を満たし、宇宙を構成する基本と考えられるもの、またその動き、2．生命の原動力となる勢い、活力の源、3．心の動き・状態・働きを包括的に表わす語、4．はっきりとは見えなくても、その場を包み、その場に漂うと感ぜられるもの、5．その物本来の性質を形づくるような要素」とあり、「気」を用いた例が100ほど挙げられていた。

以上からわかることは、景気とは、「はっきりとは見えなくても、その場を包み、その場に漂うと感じられるもの」ということであって、一般の人にはなかなか捉えることが難しい。また、景気のことを英語では「business condition」と表現する。アメリカの産業界の人は挨拶代わりに「How is your business doing?」と聞くらしい。これは、大阪の人がよく言う「儲かりまっか？」ということであろう。不況のことを景気が悪いというのも、儲からないからである。有斐閣の『経済事典』には、景気は「経済の生産、売上、在庫、価格、利益、雇用などの多くの分野にわたって、同じように上昇したり下降したりする状況。多くの指標が同時に上昇、下降することで捉えられる」とあり、この表現からも景気には循環性があることがわかる。

景気循環　～好況や不況はなぜ起こるのか～

シュンペーターによると、正常あるいは均衡よりも上にあると好景気であり、それよりも下にある場合は不景気ということである。それをもう少し考えてみると、好景気のときには繁栄（prosperity）と後退（recession）という現象が見られ、不景気の場合は沈滞（depression）と回復（recovery）が現れる。そして、繁栄の頂点のことを景気の山（peak）と呼び、沈滞の最低点のことを谷（trough）と呼ぶ。以上のことを図に示したのが、次頁の景気循環図である。

さて、好景気はどのようにして起こるのだろうか。好景気は、①ヒット商品の開発、②海外

景気循環図

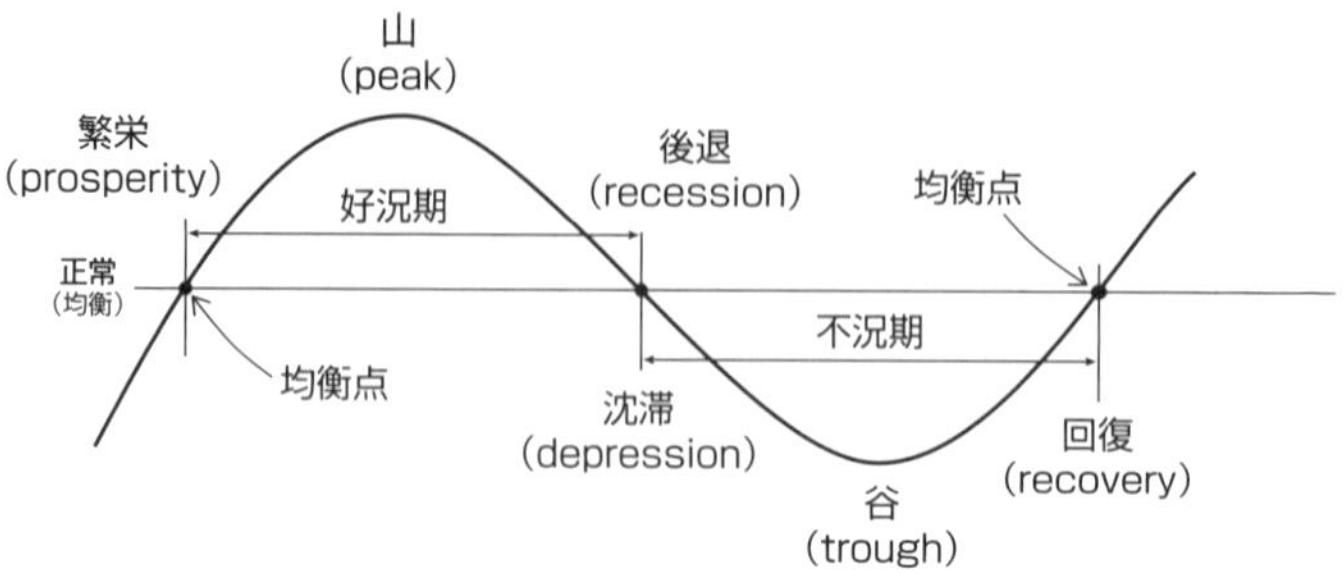

からの需要増、③大きなイベント（オリンピックや万博）の開催、④自信にあふれた企業家の出現、⑤消費者心理の改善、⑥政府の金融・財政政策（アベノミクスの三本の矢政策：ゼロ金利・公共事業の積み増し・成長戦略）などが総合して起こると考えられる。企業家の行なう投資は、生産力を増大させる効果だけでなく、需要を創出する効果もあり（**投資の二重効果**）、投資が投資を呼ぶという良い循環が見られるのが好景気である。

しかし、好景気がいつまでも続くことはない。山を越えた景気は、そのうち後退局面を迎える。そして、それが均衡以下の沈滞という最終局面に陥っていくことが多い。これが不景気と言われる現象である。その要因としては、①無駄づかいをしない習慣（貯蓄の増大）、②設備投資に慎重な企業行動、③企業間競争の激化、④消費需要の急減、⑤原材料価格などの上昇、⑥政府の経済政策の誤り、⑦企業の判断ミス、⑧大きなイベントの後、⑨円高・ドル安・ユーロ安、⑩世界各地での金融危機、⑪地震などの自然災害などが挙げられよう。いつ景気が後退しているのかを見極めるのは専門家であっても難しいが、各種の統計データを読み解き、多方面にアンテナを張っておくことが望ましい。

統計データとしては、**景気動向指数**がある。景気に先行して動く指数として、在庫率、機械受注率、住宅着工率などがあり、景気と一致して動く指数には、生産稼働率、百貨店販売額などがある。さらには、景気に遅れて動く指数もあり、家計消費支出、完全失業率、法人税収入などが挙げられる。これらの統計データを用いて、経済が今どの景気局面にあるのかを判断するわけであるが、様々な要因が複雑に絡み合っているので、景気の判断はいつの時代も難しいと考えておくべきであろう。

4大景気循環

シュンペーターは『景気循環論』の中で、それまであまり知られていなかった景気循環を、短期では「キチン循環」、中期では「ジュグラー循環」、超長期では「コンドラチェフ循環」と名づけた。今では、これらの循環に、クズネッツが発見した「長期循環」を加えて、「4大景気循環」と呼ぶことが定着している。以下では、それらの景気循環を、一つずつ見ていくことにする。

・キチン循環（約40カ月）

イギリスの統計家であったジョセフ・A・キチン（1861〜1932年）によって発見された短期循環で、周期は約40カ月である。彼はイギリスやアメリカの商品相場や金利動向などから、この循環を見出すことに成功する。この循環は、今では企業の**在庫投資**と関係があると見られることから、「在庫投資循環」と呼ばれている。キチンはケインズと同時代の人であり、マクミラン委員会ではお互いに意見交換をしている。

・ジュグラー循環（約10年）

フランスの医者であったクレマン・ジュグラー（1819〜1905年）によって発見された中期循環で、周期は約10年である。彼は、人口統計学の研究から、イギリスやアメリカの各種データにフランスのものを加え、約10年という中期循環を見つけた。この循環は、**設備投資**と関係があることから、「設備投資循環」と呼ばれる。ジュグラーは、自分の理論を使って株式や商品相場の投機を行ない、かなりの蓄財をなしたようである。

・クズネッツ循環（約20年）

アメリカの経済学者であったサイモン・スミス・クズネッツ（1901〜1985年）は、アメリカを中心にドイツやベルギーなど5カ国の農産物や鉱産物などのデータを用いて、約20年の循環を発見した。この循環は、住宅の耐用年数が約20年であることから、「**住宅投資**循環」と呼ばれているが、シュンペーターの書物には、クズネッツの発見した長期循環は含まれていない。クズネッツは1971年に、国民所得統計などの業績により、ノーベル経済学賞を受賞している。

・コンドラチェフ循環（約50年）

ロシアの経済学者であったニコライ・コンドラチェフ（1892～1938年）は、アメリカやドイツなどの金利や物価などのデータを用いて、約50年の超長期循環を発見する。シュンペーターは、この循環のことを「コンドラチェフ循環」と命名し、過去に3度超長期循環が起こったことを、技術革新などを用いて論証した。コンドラチェフは、ロシアのモスクワ景気研究所で働いていたが、共産党政府の経済政策に反対したことから、1938年に処刑されたと言われている。

シュンペーターによるコンドラチェフ循環図

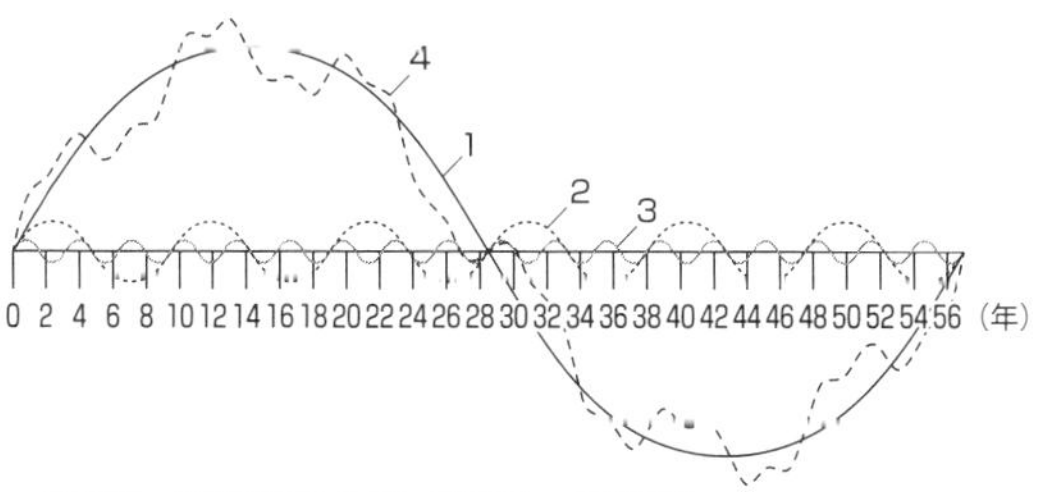

曲線1＝長期循環（コンドラチェフ循環）
曲線2＝中期循環（ジュグラー循環）
曲線3＝短期循環（キチン循環）
曲線4＝1～3の和

出所：吉田昇三監訳『景気循環論』（有斐閣、1964年）第5章

シュンペーターは、『景気循環論』の中で、キチン循環が3回起こることでジュグラー循環となり、そのジュグラー循環が5回起こることでコンドラチェフ循環となることを、前頁のように図で示している。

ゴールデン・サイクル論

さて、景気循環論の専門家である嶋中雄二氏は、『これから日本は4つの景気循環がすべて重なる。:ゴールデン・サイクルⅡ』（2013年）という書物の中で、これからの日本は、上に示した四つの景気循環がすべて重なるゴールデン・サイクルを迎えると主張している。ゴールデン・サイクルとは、キチン循環、ジュグラー循環、クズネッツ循環、コンドラチェフ循環の四つの景気循環のベクトルがすべて上を向く現象のことを言う。

複数の循環（サイクル）が同時進行的に動くことからお互いの関係を調べ、相互作用を読み取る分析のことを「複合循環論」と言うが、この手法を用いて名目設備投資と名目GDPの比率などを計算したところ、日本の景気循環の各局面は、キチン循環が2013年から上昇し、ジュグラー循環も2013年から上昇を始めていると言う。さらに、長期循環であるクズネッツ循環も2010年から上昇しており、超長期循環のコンドラチェフ循環も2001年から上

嶋中雄二のゴールデン・サイクル図

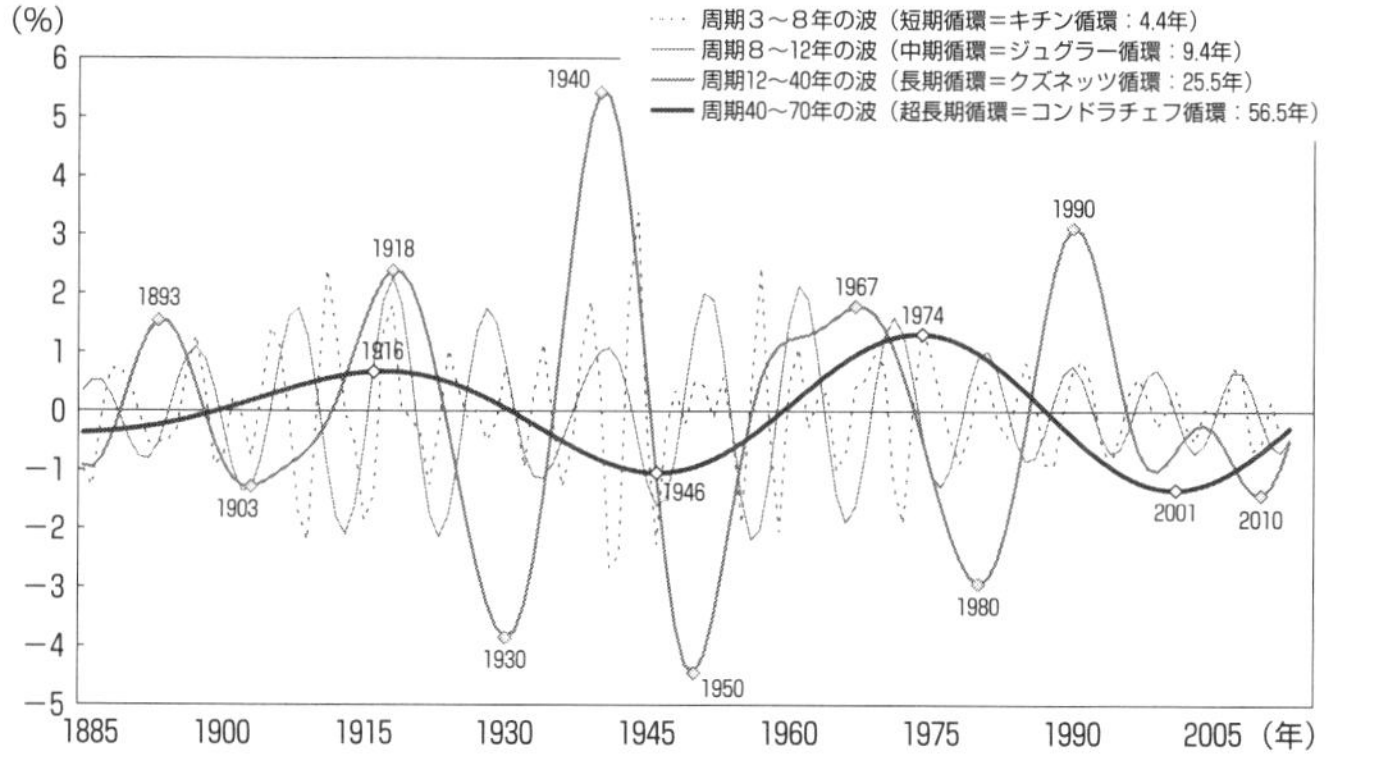

注：暦年、直近は13年4～6月期。3～8年、8～12年、12～40年、40～70年の波はバンドパス・フィルターにより抽出
資料：大川一司他編『国民所得』（長期経済統計1）東洋経済新報社、1974年、内閣府『国民経済計算』をもとに三菱UFJモルガン・スタンレー証券景気循環研究所作成
出所：嶋中雄二『これから日本は4つの景気循環がすべて重なる。：ゴールデン・サイクルⅡ』（東洋経済新報社、2013年）第1章

昇局面に入っているというのである。これらのことから、日本経済は２０２０年に開催される東京オリンピックに向けて、四つの景気循環のベクトルがすべて上を向くゴールデン・サイクルに突入したとしている。

しかし、キチン循環は約40カ月の周期であり、ジュグラー循環も約10年の周期なので、２０２０年のオリンピックでそれらの循環が下降局面を迎えていることは十分考えられる。それゆえに、嶋中氏の予測にも不確実性が存在しているのであるが、住宅投資循環であるクズネッツ循環が２０２０年ごろにピークを迎え、コンドラチェフ循環が上昇局面にあることから、筆者には嶋中氏の主張を支持したい思いが強い。

彼のゴールデン・サイクル図を上に示しておいたので、参照してほしい。

戦後の日本経済の景気循環

ゴールデン・サイクル論のように景気の良い話を見てきたが、近年の日本経済は「**失われた20年**」と言われ、景気の良くない状態が続いている。ここで少し、戦後の日本経済の景気循環を振り返っておく。以下では、コンドラチェフの超長期循環を用いて、戦後の日本経済の景気循環を振り返ってみたい。

第二次世界大戦で敗れた日本は、1945年にコンドラチェフ循環の谷を迎えた。しばらくは、敗戦の混乱が続くことになったが、1950年に朝鮮半島に戦争が勃発し、占領政策の変更が行なわれたことから、鉄と石炭を中心とした重化学工業が息を吹き返した（**傾斜生産方式**）。1955年ごろからは、戦後最長（1954年11月～1957年6月）で有史（神武天皇）以来という経済成長を実現した。これが「神武景気」（31カ月間）であり、コンドラチェフ循環の回復期に相当する。

その後も、設備投資や技術革新による生産の増大は新たな需要を生み、経済成長も長く続いた（1958年6月～1961年12月）。これは、天照大神《あまてらすおおみかみ》が天の岩戸から姿を現して以来の経済成長ということで、「岩戸景気」（42カ月間）と名づけられる。このときに、日本経済は、コンドラチェフ循環の繁栄期に入った。1961年からは、池田内閣が**所得倍増計画**を提唱した

戦後の日本経済の景気循環図

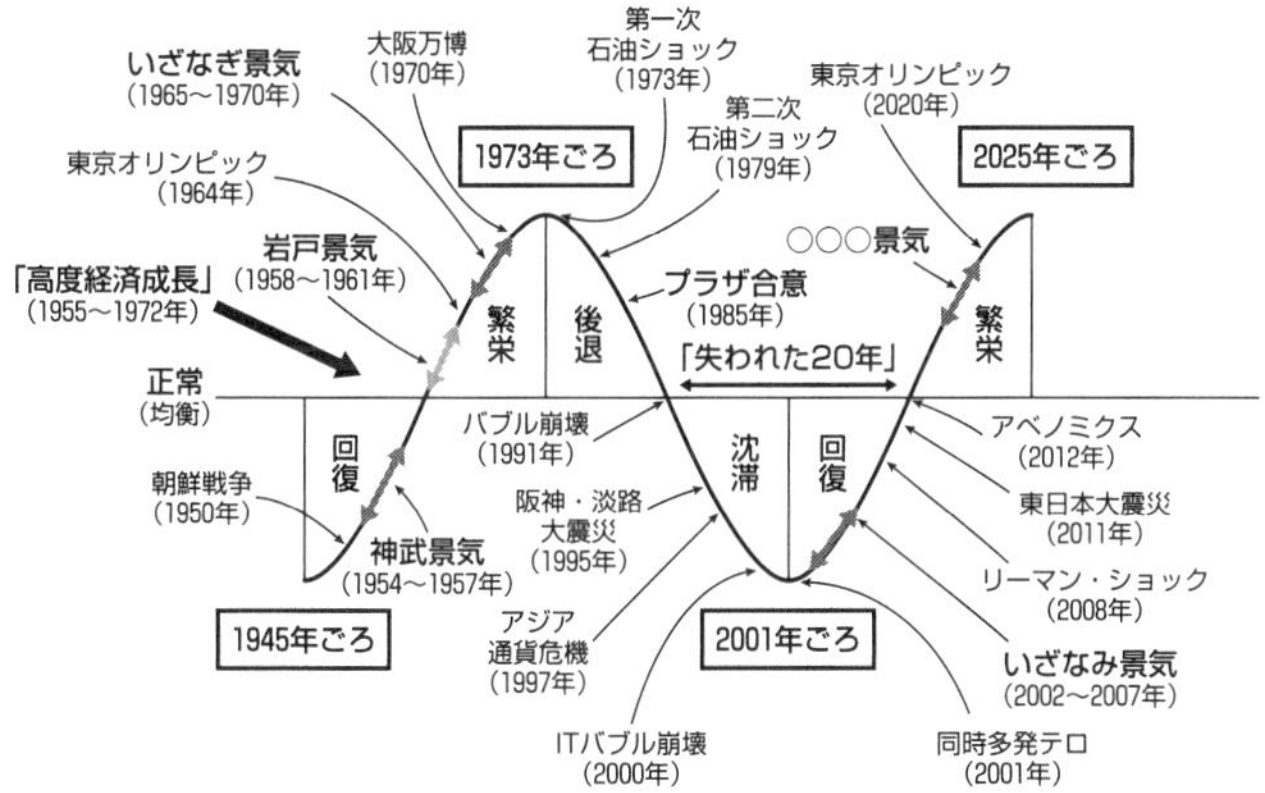

り、東京オリンピック（1964年）や大阪万国博覧会（1970年）が成功したことから、景気はますます向上した（1965年10月～1970年7月）。この景気上昇期は、天照大神の父である「いざなぎの尊」が日本をつくったことにちなんで、「いざなぎ景気」（57カ月間）と呼ばれる。日本経済は、まさにコンドラチェフ循環の繁栄期を謳歌したのである。

ところが、1973年に中東で戦争が勃発すると、石油価格の上昇から**第一次石油ショック**が起こり、日本の景気もコンドラチェフ循環の後退期に突入する。そこから景気は徐々に悪化し、一時的にバブルのあだ花が咲いたこともあったが、日本経済は長い沈滞期に入っていく。バブル崩壊（1991年）からの日本経済は、**アジア通貨危機**（1997年）などもも相俟って、コンドラチェフ循環の沈滞期を経験した。2001年になると、さしもの不景気もこれ以上悪化することはなくなり、コンドラチェフ循環の谷を迎えることになった。

その2001年ごろからは、アメリカ経済の立ち直りや中国経済の高度経済成長といった外需に支えられ、景気は緩やかに回復を続けていく（「いざなみ景気」59カ月）。これは、コンドラチェフ循環の回復期にあたる。しかし、この回復期は、もちろん不景気の一局面なので、一般の人々には景気回復の実感がなく、「失われた20年」と呼ばれることとなった。2012年末に安倍政権が発足し、デフレ脱却を目指してアベノミクス政策を強力に推し進めたことから、局面はコンドラチェフ循環の繁栄期に突入したかもしれない。

今後は、2025年ごろのコンドラチェフ循環の山に向けて、景気は良くなっていくものと思われる。もちろん、東京オリンピックの前後には、少々の景気後退を経験するかもしれないが、嶋中氏の言うゴールデン・サイクル論に後押しされて、「○○○景気」と名前が付くような景気循環局面が現れることを期待したい。

シュンペーターのイノベーション説

本章の最後に、シュンペーターの**イノベーション（技術革新）説**を用いて、コンドラチェフの超長期波動を確認すべく、世界のイノベーションの歴史を振り返ってみたい。

シュンペーターのイノベーション（技術革新）説

（コンドラチェフ循環）

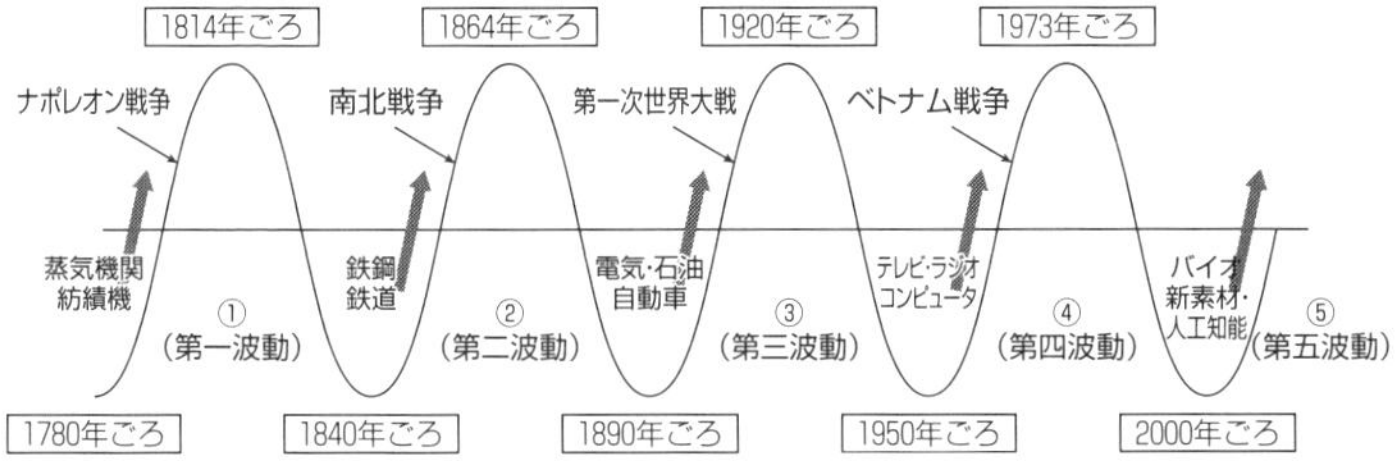

コンドラチェフの第一波動（１７８０年代〜１８４０年代）は、産業革命を通じた蒸気機関と紡織機などの発明が支えた。当時の人にとって、優れた衣服は貴重な財産であり、家一軒に相当したと言われている。続く第二波動（１８４０年代〜１８９０年代）は、鉄道建設などの隆盛によるものである。これまで、交通機関は馬に頼ってきたが、鉄道が開通することで人々の生活は一変した。シュンペーターにとっては、鉄道というまったく新しい技術革新こそがイノベーションの象徴であった。

　コンドラチェフの第三波動（１８９０年代〜１９５０年代）は、電気・石油化学・自動車などの発達によってもたらされた。もちろん、飛行機などの技術革新もこの中に入れてもよいに違いない。コンドラチェフは１９３８年に処刑され、シュンペーターは１９５０年に死去したので、お互いに次の循環を見ずに亡くなったのだが、続く第四波動（１９５０年代〜２０００年代）は、テレビ・トランジスタ・コンピュータなどの電子工学の発達によってもたらされている。多くの家にテレビや家電製品が普及したことが、コンドラチェフの第四波動を支えたのである。カー、クーラー、カラーテレビは、日本では「3C」と呼ばれ、人々に広く愛好された。

さて、コンドラチェフの第五波動は本当にくるのであろうか。第五波動（2000年代〜2050年代）は、これからの波動なので予想でしかないのであるが、嶋中氏はこの波動はすでに発生しており、谷から回復期を通過して均衡のあたりに到達していると言う。2015年は、コンドラチェフの第五波動の繁栄期に突入したとも考えられている。イノベーションとしては、カーボンナノチューブなどの新素材、バイオテクノロジー、マイクロエレクトロニクス、ロボット、人工知能、超伝導のリニア新幹線、宇宙ロケットなどが考えられている。コンドラチェフの第五波動に対しては、皆さんの熱い期待が高まっているのである。

COLUMN 8

皆さんが日本の景気に対して貢献できること

新聞やテレビなどが行なう世論調査を見てみると、景気の回復を望んでいる人が多いのに気づく。多くの人は、少しでも景気が良くなることを祈っている。なぜなら、景気が悪いと働く場所が少なくなると同時に、賃金も良くならないからである。

大学で学ぶ学生でも、経済問題の中で一番の関心事が景気にあることは言うまでもない。彼らは大学卒業後、企業に就職する者が大多数なので、景気の動向に関心が高いのも頷ける。

しかし、景気判断はなかなか難しく、一筋縄ではいかない。それに、景気には循環性がある。われわれが健康でありたいと願っても、時には軽い風邪を引いたり、さらには大きな病気になったりするのと同じである。景気にも好況があると思えば、軽い不況だけでなく深刻な状態に陥ることがある。不況に陥ったときの人々の行動は、まず無駄づかいをせずに貯蓄することだろう。また、ある人は、台風がきたときのように、ひたすら不況に耐えて過ぎ去るのを待つことであろうか。筆者の授業の中で、学生諸君が考えた処方箋《しょほうせん》はとても素晴らしく、多くの人に知ってもらいたいと思ったので、以下に示しておく。

・経済の知識を身につけ、将来立派な社会人になること
・景気の悪いときには、貯蓄ばかりせず、留学や旅行、買い物などをすること
・すべての学生は親元から離れ、一人暮らし

をすること

・自分への投資を積極的に行ない、社会に貢献できる人材になること
・ゼミなどで新商品を開発し、企業とのコラボで投資を促すこと
・本をたくさん買って、アメリカの学生のように、しっかり勉強すること
・スポーツや芸術に積極的にお金を使うこと
・少額でもよいから株や国債を買って、経済の動きを体験すること

このように、学生諸君は、待っているだけでは、景気は良くならないことを知っている。政府の財政赤字も拡大しているので、公共投資に依存することもできそうにない。企業は、商品やサービスが売れなければ、投資や雇用を増やそうとはしない。

要するに、自分たちが積極的に行動しない限り、景気は良くならないのである。まずは、自分に投資をして付加価値をつけ、社会や世界のために働けるように準備することが大切である。

COLUMN 9

太陽が変わると景気が動く　～ジェヴォンズの太陽黒点説～

　ウィリアム・スタンリー・ジェヴォンズの**太陽黒点説**は、とてもユニークな考え方であり、太陽の黒点活動と景気循環を関係づけたものである（約10年周期説）。彼は、太陽活動の周期的な変化が地球上の気象状態を変化させ、それが自然環境や農作物の豊不作、諸商品の需要・供給、シティ（イギリスの金融街）の金融取引などに影響を与えることで、景気全体に作用すると考えた。まさに、太陽が変わると景気が動くのである。

　ジェヴォンズは、1711年から1876年までの統計データを用い、主な景気後退が約10年の間隔（1711年、1721年、1731年、……1763年、1773年、1783年、……1857年、1866年、1876年）で発生していることを確かめる。また、オーストラリアで行なった天文学の研究から、太陽黒点数の周期が約10年であることもよく知っていた。そこで彼は、約10年周期の太陽黒点数の増加こそが、景気後退の原因であると結論づけたのである。

　彼の「商業恐慌と太陽黒点」（1878年）と題する論文には、「この偉大なる世界の眼にして魂である太陽から、われわれは、自分たちの強さと弱さ、成功と失敗、商業熱に浮かされての絶頂感、そして商業の崩壊に際しての失意と没落を引き出しているのである」、と述べられている。

　これは、太陽黒点数の変動と景気の循環の間に、密接な関係があることを確信していた、ジェヴォンズならではの表現である。

太陽黒点数の増大による太陽活動の活発化は、穀物などの豊作をもたらし、穀物価格の下落を引き起こすと同時に、石油・エネルギー需要を減少させ、デフレーションを誘発する。

また、太陽黒点数の減少による太陽活動の不活発化は、穀物などの不作をもたらし、穀物価格の上昇を引き起こすと同時に、石油・エネルギー需要を増大させ、インフレーションを誘発する。太陽と気候、気候と人間の心理、人間の心理と景気は複雑に絡み合い、われわれの生活を支配している。景気循環の研究者は、太陽黒点の観察から目を離せないのである。

さて、最近の太陽黒点数はどうなっているのであろうか。2015年のデータを見てみると、太陽黒点数はかなり少ないようである。通常、太陽活動が活発であれば、一カ月間に150～200個の黒点が観測されるのであるが、今のところ50～100個くらいにとどまっている。その昔、文明の興亡、大地震や気候変動、感染症の**パンデミック**、戦争や地域紛争なども、太陽活動と関連づけて語られることが多かったし、最近の新型インフルエンザや新型コロナウイルスMERS、さらにはエボラ出血熱なども、太陽活動の活発化が原因だという研究もある。

気になる太陽活動であるが、ノーザンブリア大学のヴァレンティナ・ジャルコヴァ教授は、「全英天文学会議2015」において、地球はこれから寒冷化していくと報告した。彼によると、2030年には太陽活動が60％も低下し、「小氷期」（little ice age）に入る可能性が高いそうである。これは、17世紀に発生した**マウンダー極小期**（1645～1715年）と一致しているらしい。その当時は、約70年にわたって黒点がほとんどカウントされず、地球は凍りついた。

　今のところ、教授の研究に賛同する研究者も見られるが、今後の太陽黒点の観察を慎重に進めなければならないだろう。

　景気の面では、セオリーどおりだとすると、太陽活動の不活発による寒冷化は、穀物などの不作をもたらし、穀物価格の上昇を引き起こすと同時に、石油・エネルギー需要を増大させ、インフレーションを誘発する。それにより、経済が活性化して景気は良い状況が続くことになるのだが……。

COLUMN 10

史上最大の大噴火と地球寒冷化

先日（２０１６年2月5日）、鹿児島の桜島が噴火した。夜の噴火であったが、真っ赤な火砕流と噴石がはっきりと見え、恐怖を感じた。日本には活火山がたくさんあり、２０１５年も箱根で火山性地震があったばかりだし、２０１４年の御岳山の噴火も記憶に新しい。ところで日本の火山噴火ではなく、世界中の人が驚いたのがタンボラ山の大噴火であった。

約２００年前の１８１５年4月5日〜15日、インドネシアのタンボラ山が大噴火した。そのときの爆発音は、遠くジャカルタにまで届いたらしい。噴煙は、高さ40キロに達し、火砕流がふもとの町を焼き尽くした。その後、何週間も火山灰が降り積もり、作物の不作や伝染病の蔓延で約10万人もの人命が失われた。さらに、地球の大気に火山灰や硫黄が舞い上がり、「火山の冬」という現象が続く。火山灰などが太陽光を遮り、地球の温度が１・７度も低下したため、世界中で異常気象を観測した。

ヨーロッパは、その後2カ月の間、長雨が続き、１８１５年6月18日のワーテルローの戦いでは、ナポレオンがまさかの敗退を喫するという事態まで発生する。ナポレオン戦争がやっと終わって、ヨーロッパに平和が訪れたのも束の間、地球が寒冷化したことで作物は取れず、悪性の伝染病が広がった。食料難により約20万人の餓死者が出たために、マルサスの主張する穀物保護政策が、リカードウの自由貿易主義を打ち負かした。

また、１８１６年は「夏のない年（year

without a summer)」と呼ばれている。アメリカ東北部やカナダ東部でも、冷夏で農作物が壊滅的な被害を受けた。これは、太陽黒点数の減少による太陽活動の低下（**ダルトン極小期**：1790〜1830年）とタンボラ山の大噴火によりもたらされたものである。

イギリスのテイト・ギャラリーに所蔵されているターナーの「カルタゴ帝国の衰退」は、1815年のタンボラ山の大噴火後の1817年に描かれたことから、2007年にギリシャの気象学者は不思議な色に染まった夕日を見て、この絵はタンボラ山の大噴火の影響を受けていると発表する。太陽黒点数も1810年に極小となっており、寒冷化から農作物の不作で価格が暴騰してエネルギー需要は増大したことから、コンドラチェフの長期波動（第一波）が発生することになった。

1816年の「夏のない年」は、長雨だけでなく、霜が降り、雪が舞った。この異常気象は、スイスのレマン湖畔でも同じであった。その湖畔にあるディオダティ荘に集まった詩人たちも長雨を持て余していた。シェリー夫妻にバイロンと愛人のクレアモン、それに主治医のポリドリがいた。退屈しのぎに、バイロンがゴースト・ストーリーを書こうと提案すると、皆創作を始める。そこから生まれたのが、メアリー・シェリーの『フランケンシュタイン』（1818年）とジョン・ポリドリの『バンパイア』（1819年）である。メアリー・シェリーは、マルサスが『人口論』で攻撃した、あの無政府主義者ウィリアム・ゴドウィンと活動家メアリー・ウルストンクラフトの娘であった。史上最大の大噴火と、それに続く地球寒冷化は、世界の歴史を変えたのである。

第5章

国際貿易を考える

国際貿易は必要か

経済社会は、アダム・スミスが考えたように、ギブ・アンド・テイク（お互い様）で動いている。あなたに必要なものと私に必要なものとを交換したほうが、良い生活が送れることは言うまでもない。普通の人ならば、企業に労働力を提供して賃金を獲得し、その賃金の中から政府に税金を払って公共財やサービスを受け取り、残った**可処分所得**で生活に必要な商品やサービスを購入する。ギブ・アンド・テイク（お互い様）が基本となって、お互いがお互いを必要とする経済社会が営まれているのである。

これは、一つの国の中だけのことではない。世界中の国々ともギブ・アンド・テイクが成り立っている。例えば、石油の産出がほぼゼロの日本と、きれいな水の獲得が不十分なサウジアラビアとでは、お互いに貿易をする意味がある。日本には石油はないが、きれいな水はたくさんあるし、サウジアラビアにはきれいな水はないが、石油は豊富にある。貿易を通じてお互いの必要（足りないこと）を満たせば、お互いの生活が豊かになる。これは、ブラジルなど、他の国との貿易でも同じである。

以上は、二国間の貿易（bilateral trade）であったが、サウジアラビアは水ではなく食料が必要であるかもしれない。サウジアラビアと日本の間に、食料の輸出と水の輸入を望んでいるフ

多国間の貿易

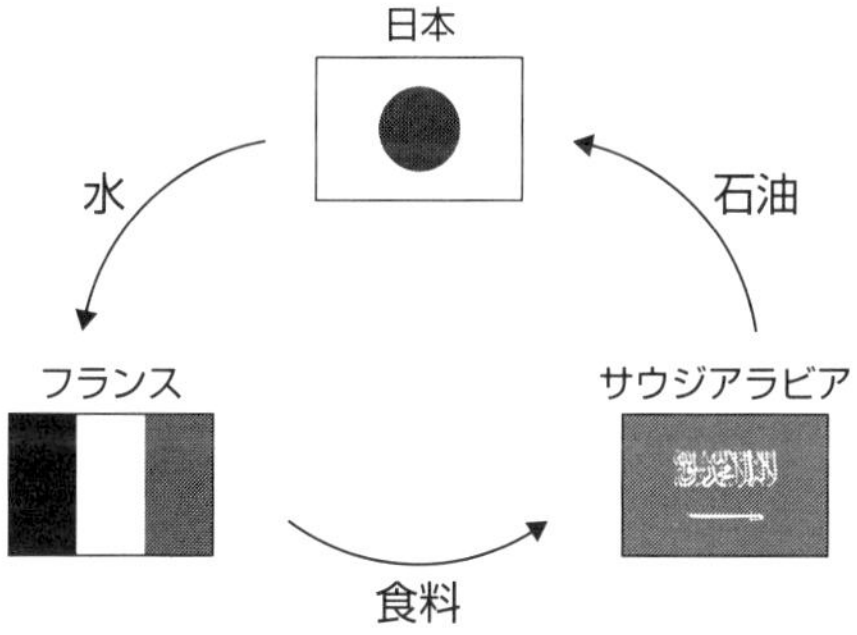

ランスを貿易相手国として参入させると、サウジアラビアは日本に石油を輸出して、日本はフランスへ水を輸出する。そして、フランスはサウジアラビアに食料を輸出する。こうすることによって、貿易をした三つの国はお互いに利益を得るのである。これを「多国間の貿易（multilateral trade）」と言う。実際の貿易は、もっと複雑に絡み合っているが、基本は上に示したとおりである。

さて、貿易をするにはお互いが仲良くなければならない。喧嘩（戦争など）をしていたのでは、貿易は成立しないので、平和が大切である。また、貿易相手国の文化や言葉を知っていたほうが、取引以外にも何かと交流が進む。サウジアラビアの文化が日本やフランスに紹介され、日本やフランスの文化がサウジアラビアに紹介されることで、お互いにより緊密な関係が構築できる。この考え方は、世界中の国との貿易に適用される。これまでの歴史を紐解けばわかるように、世界の国々は生産物や生産資源、資本や労働などの貿易を通じて、お互いに豊かな社会を築いてきたのである。

絶対優位と比較優位

国際貿易の利益は、前節で説明した、すでにある商品の取引だけではない。国どうしが効率的に生産できるものをお互いに貿易するほうが、より良い結果が得られる。経済学でよく見られる2国2財モデルを用いる場合、**絶対優位**（absolute advantage）とは、一国がある商品を他国よりも効率的に生産しており、優れた技術を持っているときに使われる概念である。一国が、他国に比べて絶対優位にある商品に特化して生産し、それらをお互いに貿易することで、両国とも利益を得ることができる。この理論は、多くの人に理解されやすい考え方であろうが、抽象的で単純化されすぎていて、おもしろくない。

絶対優位の例として、イタリアとスペインの二国で、ブドウ酒と毛織物の2商品各1単位を労働のみでつくっているケースを考えてみよう。下に示した表の貿易前の数値を縦で見ればわかるように、貿易前では毛織物を1単位つくるためにスペインが１００人要するのに比べて、イタリアは90人で済むので、イタリアは毛織物に絶対優位を持っ

絶対優位の例

国	貿易前の生産		貿易後の生産	
	ブドウ酒	毛織物	ブドウ酒	毛織物
イタリア	120人（1）	90人（1）	0人	210人
スペイン	80人（1）	100人（1）	180人	0人
合計	2単位	2単位	2.25単位	約2.3単位

ていることになり、また同様に、ブドウ酒を1単位つくるためにイタリアが120人要するのに比べて、スペインは80人で済むので、スペインはブドウ酒に絶対優位を持っていることになる。ここで、イタリアは毛織物に特化し、全労働量をそれに当てると、約2・3（210÷90）単位の毛織物が生産できる。また、スペインはブドウ酒に特化し、全労働量をそれに当てると、2・25（180÷80）単位のブドウ酒が生産可能である。このように、一国が他国に比べて絶対優位にある商品に特化して生産し、国際貿易を行なうことによって、二国は以前よりも豊かになるのである。

しかし、絶対優位の考え方と似ているが、まったく違う概念として**比較優位**（comparative advantage）というものがある。結論を先に言えば、こちらのほうが断然有益なことは間違いない。比較優位について2国2財モデルを用いると、一国が両方の商品の生産に優れており（絶対優位）、また他国は両方の生産に劣っている（**絶対劣位**）場合であっても、お互いに比較優位にある商品に特化して生産し、貿易をすることでお互いに利益を得る。これは、経済学の理論の中でも優れた考え方の一つであり、現代の自由貿易を推進するうえで大きな論拠となったものである。

比較優位の例として、次頁の表のように、イギリスとポルトガルの二国で、ブドウ酒と毛織物の2商品各1単位を労働のみでつくっているケースを考えてみる。貿易前の数値を縦で見ればわかるように、イギリスはブドウ酒と毛織物双方に絶対劣位であり、ポルトガルはブドウ酒と毛織物双方に絶対優位である。このようなケースでも、国際貿易をすることが両国の利益となることを示すのが、比較優位論の素晴らしいところである。

今度は貿易前の数値を横に見てみる。イギリスがポルトガルと比べて、毛織物よりもブドウ酒をつくるのが得意かどうかを判定すると、イギリスがブドウ酒を1単位つくるのに要する人数は毛織物をつくるのに要する人数の1・2倍（120÷100）であるのに対し、ポルトガルのそれは0・88（80÷90）倍であるので、イギリスでブドウ酒をつくることによって犠牲にする毛織物の量のほうが大きい。それゆえに、イギリスは毛織物に比較優位を持ち、それに特化して生産したほうが良い。

反対に、毛織物の生産に得意かどうかを判定すると、ポルトガルが毛織物を1単位つくるのに要する人数はブドウ酒をつくるのに要する人数の1・125（90÷80）倍であるのに対し、イギリスのそれは0・83（100÷120）倍なので、ポルトガルで毛織物をつくることで犠牲にするブドウ酒の量のほうが大きい。よって、ポルトガルはブドウ酒に比較優位を持ち、それに特化して生産したほうが良い。

比較優位の例

国	貿易前の生産		貿易後の生産	
	ブドウ酒	毛織物	ブドウ酒	毛織物
イギリス	120人（1）	100人（1）	0人	220人
ポルトガル	80人（1）	90人（1）	170人	0人
合計	2単位	2単位	2.125単位	2.2単位

以上のことから、イギリスは比較優位にある毛織物に特化し、全労働量をそれに当てると2・2（220÷100）単位の毛織物が生産できる。一方、ポルトガルは比較優位にあるブドウ酒に特化し、全労働量をそれに当てると2・125（170÷80）単位のブドウ酒が生産可能である。このように、ある国が両方の商品の生産に絶対優位であり、また他国は両方の商品の生産に絶対劣位であったとしても、お互いに比較優位にある商品に特化して生産し、貿易をすることで双方が利益を得る。言い換えれば、ある国がすべての生産に比較優位を持つことはなく、ある国が1商品に比較優位を持てば、他の国は他の商品に比較優位を持つことになる。

この素晴らしい考え方を最初に提起したのは、イギリスの経済学者であるデイビッド・リカードウであった。彼の『経済学および課税の原理』（1817年）の第7章「外国貿易について」では、上に述べたことが示されている。彼は、「仮に2人の人が共に靴と帽子を製造でき、一方は両方の仕事で他方より優れているが、帽子の製造には競争者をしのぐことわずかに20％に過ぎず、靴の製造には彼（競争者）に勝ること33％であるとするならば、優越者がもっぱら靴の製造に従事し、劣等者が帽子の製造に従事することは、両者の利益ではないか（傍点のカッコ部分は筆者追加）」、と言う。イギリスはリカードウ以後、比較優位にあった毛織物（工業製品）を生産し、世界中に輸出することで「世界の工場」となり、**パクス・ブリタニカ**（イギリスの平和）を実現した。

固定為替相場制と変動為替相場制

リカードゥが比較優位の考え方を提起した時期に、イギリスでは**金本位制**が導入された。1816年のことである。貨幣法が制定され、ソブリン金貨（イギリスの1スターリング・ポンドに相当する金貨の名称）を1ポンドとした。金本位制とは金をベースにする制度で、中央銀行が発行した紙幣と同額の金を保管し、金と紙幣との**兌換**《だかん》（引き換えること）を保証したものである。1844年のピール銀行条例で、金1オンスが3ポンド17シリング10ペンスと定められた。イギリスは、自由貿易とこの金本位制により、世界の覇者として19世紀を支配した。

しかし、第一次世界大戦後は覇権がイギリスからアメリカへと移っていき、イギリス発祥の金本位制も機能せず停止を余儀なくされた。通貨制度は、中央銀行の管理下で発行された紙幣による**管理通貨制度**に移行していくのである。紙幣は、金に換えることのできない〝不換紙幣〟となり、その発行は金の保有量ではなく中央銀行の持っている資産などを根拠として発行された。

そして、平価切下げ競争、**保護貿易主義**の蔓延、**ブロック経済**など、多くの混乱を招いた後、ヒトラーによるポーランド侵攻から第二次世界大戦が勃発し、世界は最大の危機に遭遇する。日本も軍国主義が台頭し、無謀な太平洋戦争へと突入していった。1944年7月、アメリカ

1971年以降の円/ドル相場

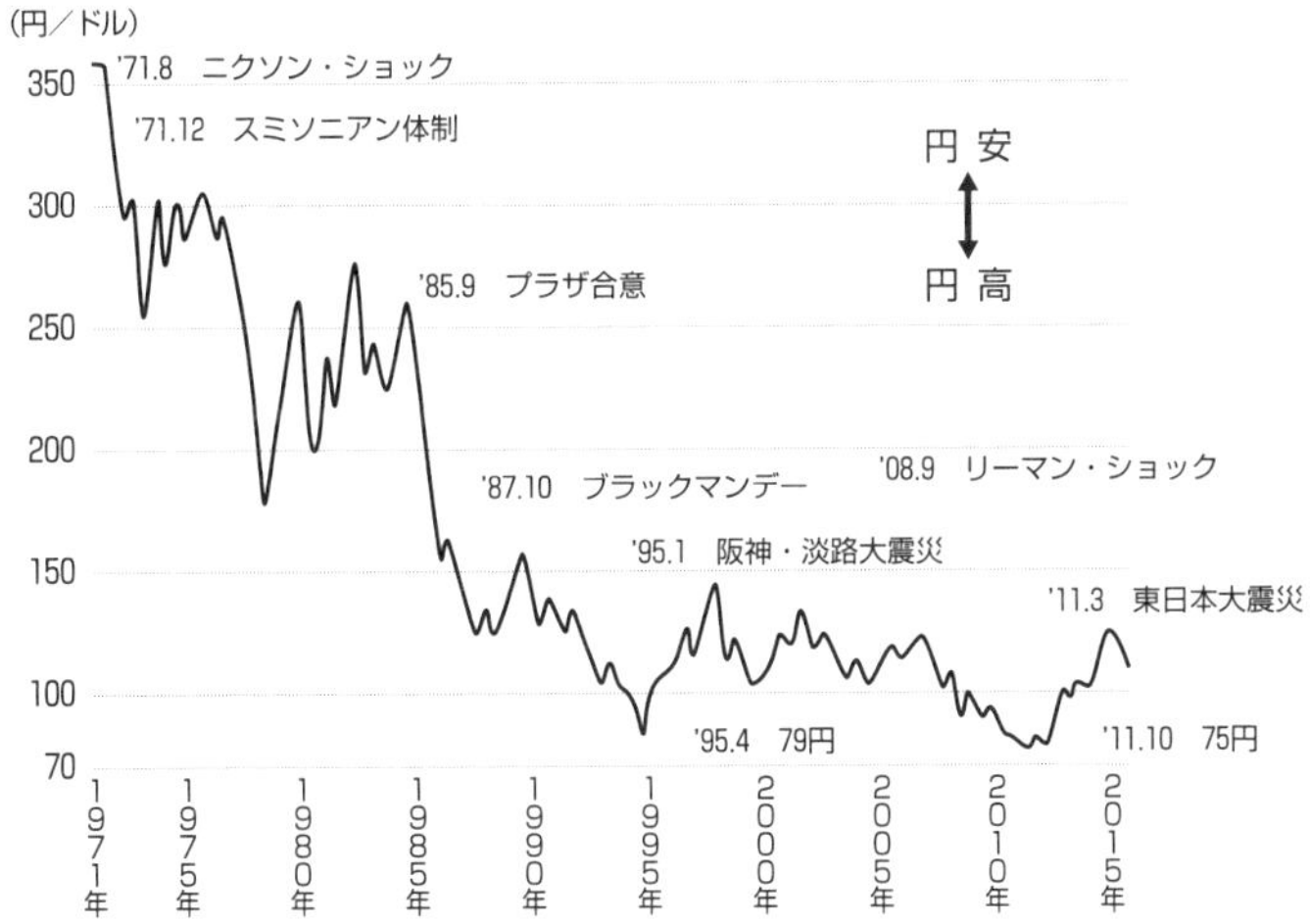

出所：IMF

のニューハンプシャーで開催された**ブレトン・ウッズ会議**は、そのような金融や貿易による混乱が二度と起きないように国際協調を意図したもので、そこで導入されたのがドルを中心とした**固定為替相場制**（fixed exchange rate system）であった。ここでは、金1オンスが35ドルに固定され、そのドルに対して各国通貨の交換比率が決定された。

また、この会議で**国際通貨基金**（IMF）と**国際復興開発銀行**（IBRD）の設立が約束され、通貨の安定と経済の復興が図られることとなった。敗戦国であった日本の通貨が1ドル＝360円に設定され、国際復興開発銀行から多額の融資を受けて新幹線や高速道路などのインフラを充実させていった。第二次世界大戦後は、これらの優れた制度により、世界各国の復興が目覚ましく進んだが、ニクソン大統領はアメリカの貿易事情や財政事情の悪化を理由として、1971年8月、金とドルとの交換を突然停止した。これを**ニクソン・ショック**と呼ぶ。

さらに、1971年12月、固定為替相場制を維持するために、ワシントンにあるスミソニアンで各国通貨の調整が行なわれ、金1オンスを38ドル、1ドルを308円とする合意が発効した。しかし、この**スミソニアン体制**は長続きせず、1973年からは**変動為替相場制**（floating exchange rate system）へと移行することとなった。変動為替相場制とは、為替相場を市場の自由に任せ、各国通貨の需要と供給により外国為替レートを決定するものである。この新体制は、1976年にジャマイカのキングストンで行なわれたIMF委員会で承認され、今日に至っている。

外国為替相場の決定要因

ここからは、1973年から実行されている変動為替相場制における、外国為替相場の決定要因について考察する。われわれの生活が国際貿易を抜きにしては考えられないのは、これまでにも見たとおりである。国際貿易では自国の製品を他国に販売し、その代金として他国の通貨を受け取る。しかし、外国の通貨は自国では使えないことが多いため、それを自国の通貨と交換する必要がある。そこで活躍するのが外国為替市場である。また、近年では通貨そのものを投機の対象とすることが、外国為替相場の変動を大きなものとしていることも事実である。

さて、外国為替相場の決定にはいくつかの要因がある。基本的には、外国為替レートも**要素価格**なので、通貨の需要と供給によって決まる。その第一は実際の貿易による外国通貨の需要・供給要因（**ファンダメンタル要因**）、第二は金利や物価といった金融的な要因（**アセット要因**）、第三はヘッジ・ファンドなどの投機的な要因、第四は大統領や首相の発言といった政治的な要因、第五は地域紛争などの地政学的な要因などが挙げられる。外国為替相場は、これらの要因が複雑に絡み合うことで決定されるので、なかなか予想をするのが難しい。以下では、それらの決定要因を少し詳しく見ていくことにする。

・貿易による外国通貨の需要・供給要因

様々な理由から、商品の輸出が輸入より多い場合、こちらから支払う外貨より外国から受け取る外貨のほうが多いので、稼いだ外貨を日本で使用する際にその外貨を売って円に交換する必要があり、外国為替市場への外貨供給が増大する。その反対に、商品の輸出が輸入より少ない場合、外国から受け取る外貨よりもこちらから支払う外貨のほうが多いので、円を売ってその外貨を買う必要があり、外国為替市場への外貨需要が増大する。

その結果、商品の輸出が輸入より多い貿易黒字の場合は、外国為替相場は円買い外貨売りが

外国為替レートの決定図

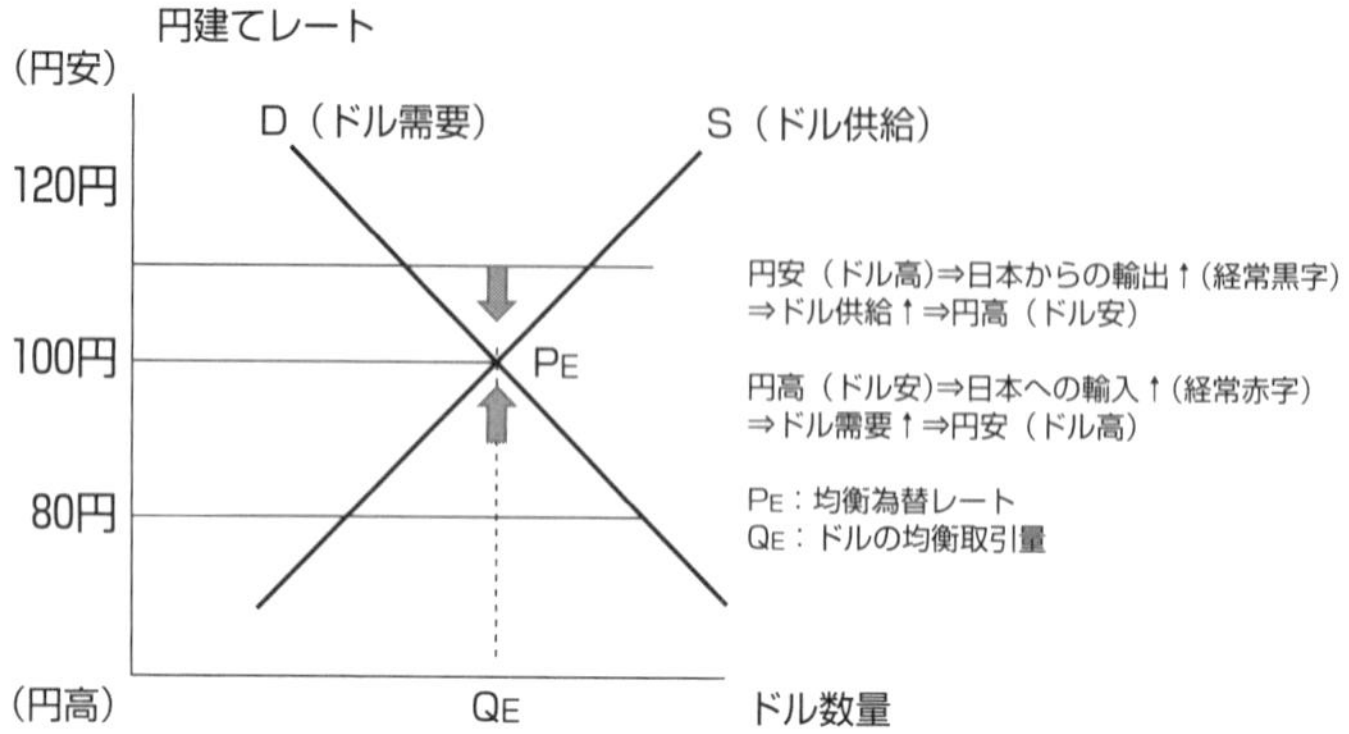

進むことから円高・外貨安になり、貿易赤字の場合は円安・外貨高となる。最終的に、貿易による外貨の需要と供給が均衡する点で均衡為替相場は決定される。このように、貿易収支の黒字や赤字が為替相場の均衡点で自動的に調整されることは、変動為替相場制の大きなメリットの一つとなっている。以上のことを、図で示すと上のようになる。ここでは、現在の国際貿易を反映する形で円とドルを用いて作成しているが、他の通貨の場合もこれと同じように考えることができる。

　ここまでの議論は、商品などの**貿易収支**が中心であったが、海外との利子・配当などの所得収支、運輸通信・旅行・保険金融などの**サービス収支**、海外援助などの**経常移転収支**などを加えた経常収支で考えることもできるし、実際にそうしている場合が多い。なぜなら、ニクソン・ショックは、アメリカの経常収支赤字が原因で発生したと考えられ、固定為替相場制から変動為替相場制に移行することで、経常収支赤字によるドル安が経常収支の改善をもたらすことが目的だったからである。それゆえに、外国為替相場の決定要因として、国際間の貿易収支を含んだ経常収支が大きな役割を果たすことは、十分理解できることである。

・金利や物価などの金融的な要因

次に、金利や物価を意識した金融的な要因を検討してみたい。現在のように、日本の金利が低くアメリカの金利が高い場合、資金がアメリカに流れることは避けられない。日本の景気がもう一つぱっとせず、人々の購買力も低いままでは、資金需要も高まらないので金利も高くならない。そのような状況では、人々は、アメリカの銀行で外貨預金をするために、円を売ってドルを買うことから円安・ドル高となりやすい。このまま、円安・ドル高が進んでいけば、預金者は金利差による利ざやだけでなく、為替差益も同時に獲得できることになる。

しかし、円安になると輸入品の価格が上がる傾向にあるので、国内の物価も上昇する。それにつれて金利も上がっていくことから、資金がアメリカから日本へと逆流することになる。そうすると、円高・ドル安が進み、輸入品の価格は低下していく。このように、為替相場と金利市場には、循環的な相互依存関係がある。現実の経済は様々な要因が絡むので、このような単純な図式どおりには行かないが、金利要因はきわめて重要である。

また、物価の高い国では、実質的な貨幣価値が低下しているので、その国の通貨で資金を運用することは得策ではない。しかし、物価と金利には相関関係があり、物価上昇と同時に金利も上昇するので、為替相場をどう読むかは難しいところである。長期的には、スウェーデンの経済学者グスタフ・カッセルが提唱した**購買力平価説**(物価水準による為替相場決定)が妥当する場合が多い。よく知られた例では、マクドナルドのハンバーガー1個が、アメリカでは1ドルで売られ、日本では100円で売られているとすると、為替相場は1ドル=100円となる。

・ヘッジ・ファンドなどの投機的な要因

最近の外国為替市場では、ヘッジ・ファンドなどの投機家が、相場変動によるリスクを回避する**デリバティブ**の手法を用いて短期的に大量の資金を動かすことで、外国為替レートの決定に大きな力を持つようになってきた。ヘッジ・ファンドなどの投機家は、**テクニカル分析**により円安・ドル高になると読むと、積極的にドル投機を行なうので、ますます円安・ドル高が進む。その反対に、日本に経常収支黒字が発生した

ヘッジ・ファンド業界の資産残高(2000年以降)

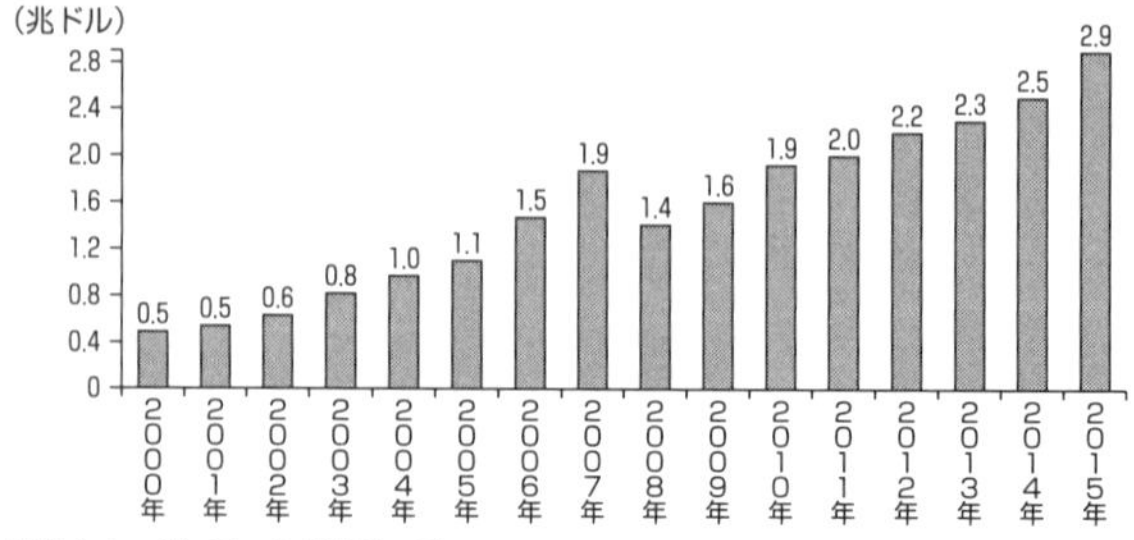

出所:ヘッジ・ファンドリサーチ

場合のように円高・ドル安が進むと見れば、投機家はすかさず円を買うので、ますます円高・ドル安が進むことになる。

このように、外国為替レートの変動が激しいと、貿易の拡大などにとって大きな支障をきたすので、各国政府は変動幅を少なくするために為替介入を行なう。しかし、為替相場安定のための政府の為替介入も、そのタイミングが難しいだけでなく、介入資金にも制約があるので、うまく行なうことは困難なのが現状である。特に、最近のように、多額の投機資金が外国為替市場を混乱に陥れていることから見ても、外国為替相場を自由な変動に委《ゆだ》ねることに対する異論が出ていることは指摘しておきたい。

・大統領や首相の発言といった政治的な要因

外国為替相場は、経常収支や金利、購買力平価やヘッジ・ファンドなどの要因によって変動するのは、これまでに見てきたとおりである。しかし、それらの要因だけで為替相場が決定されるかと言うと、必ずしもそうではない。アメリカのオバマ大統領やＦＲＢ（連邦準備制度理事会）のイエレン議長の発言や、日本の安倍首相や日銀の黒田総裁の発言でも、為替相場が動くときがある。変動為替相場制に移行する要因は、アメリカのニクソン大統領が、１９７１年に突然ドルと金の交換を停止したことから動き出した。１９８５年の**プラザ合意**から始まる円高・ドル安は、Ｇ５といった国々の大蔵大臣（財務大臣）が為替変動を主導したものである。

・地域紛争などの地政学的な要因

外国為替相場は、各地で発生する紛争や自然災害によっても変動する。最も有名なのは、1973年の**第四次中東戦争**であろう。そのときは、原油が1バレル＝3ドルだったものが、一気に4倍の12ドルに上昇した。日本では物価が20％も上昇したことから、経済成長率も戦後初のマイナスとなり、不況の中での物価高という**スタグフレーション**が発生した。そのために、為替相場は日本円が大幅に売られ、かなりの円安・ドル高となった。

最近では、東日本大震災後の円高・ドル安が記憶に新しい。未曾有の大地震と原子力災害により、復興資金の需要が拡大するとの思惑から、ドルが売られて円が買われた。2011年3月17日には、1ドルが76円という超円高の水準にまで上昇し、日本経済全体に暗い影を落とした。この為替水準では、輸出企業の多くが壊滅的な打撃を受けるのは避けられず、「日本沈没」がささやかれたのも致し方ないことであった。

為替変動と海外旅行

これまでは、外国為替相場の決定要因を見てきたが、ここからは具体的に個人が海外旅行をする場合を考えてみたい。今、1ドル＝100円のときに、小づかいを10万円持って日本からアメリカに旅行するとしよう（次頁の図を参照）。外貨交換の際の手数料などを考えないとすると、10万円は１０００ドル（１０００００円÷１００円／ドル）で交換される。

今、何かの拍子に円高・ドル安となり、１ドル＝80円の為替レートになったとすると、10万円は１２５０ドル（１０００００円÷80円／ドル）に増大する。日本からアメリカへの旅行者にとって、円の価値が上昇すれば外貨交換で手にするドルが２５０ドルも増えるので、とてもラッキーである。また、何かの拍子に円安・ドル高となり、１ドル＝１２０円の為替レートになったとすると、10万円は約８３３ドル（１０００００円÷１２０円／ドル）にしか交換してもらえないので、とても残念なことであろう。この旅行者は、１０００ドルで交換できると思っていたからである。

その反対に、アメリカから日本に旅行にくる人は、どちらの場合が好ましいかは明白である。ドルを持っている人なら、ドルの価値が高い円安・ドル高のほうが外貨交換では有利になる。なぜなら、１０００ドルを持ってアメリカから日本にくる旅行者は、１ドル＝１２０円の為替レートの場合、12万円（１２０円／ドル×１０００ドル）を手にすることができるからである。しかし、１ドル＝80円といった円高・ドル安の場合は、８万円（80円／ドル×１０００ドル）しか手にすることができないので、日本への旅行を控えようとするかもしれない。

最近、中国の旅行者が大挙して日本を訪れ、**爆買い**と言われる派手な行動をとっていることは有名である。「爆買い」という言葉は、日本では２０１５年の流行語大賞となったほどである。

為替変動と海外旅行

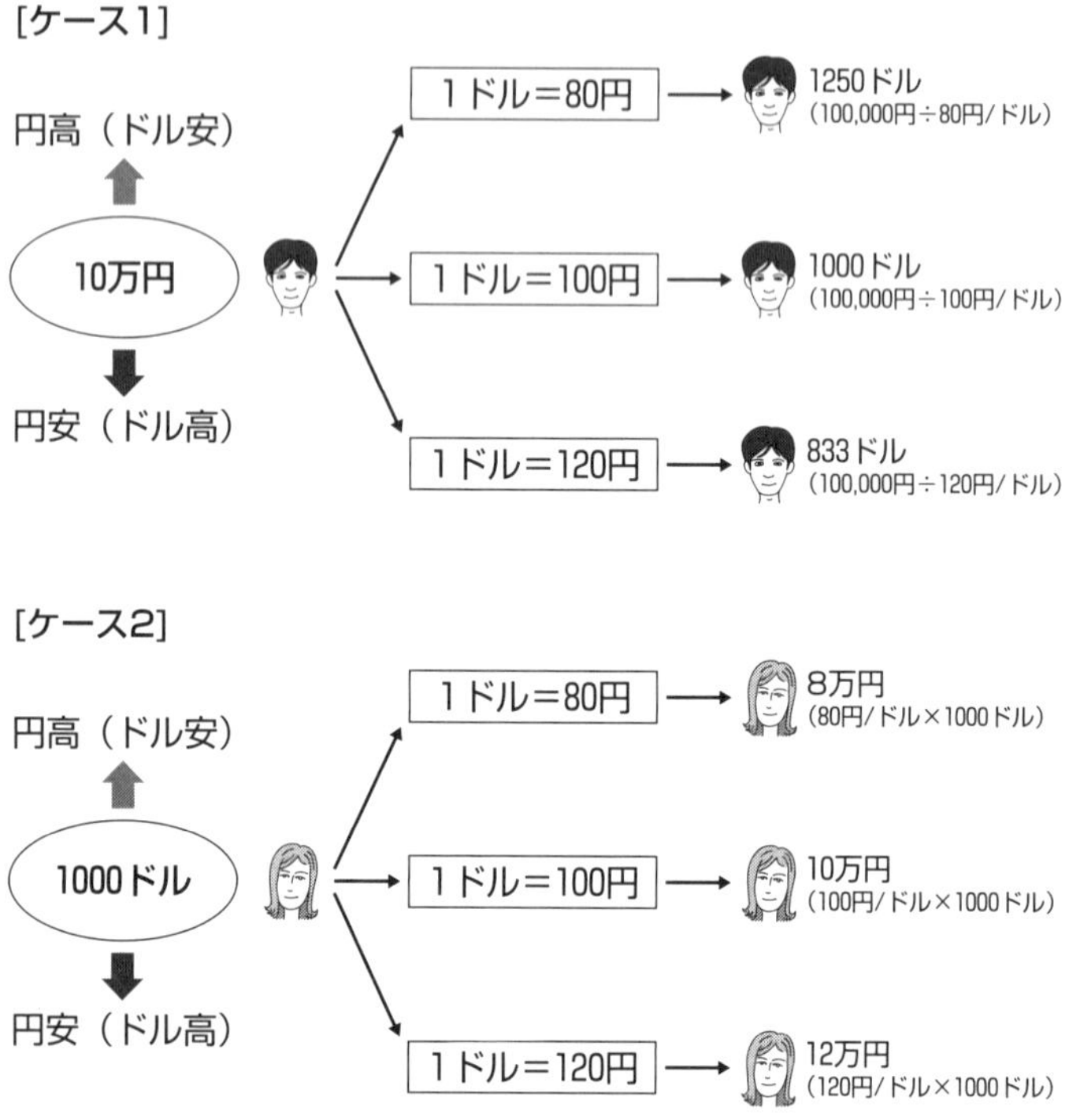

電気炊飯器、魔法瓶、温水洗浄便座が人気商品であるが、医薬品、化粧品、包丁もそれらに続く人気商品となっている。その理由を考えれば、中国旅行者の日本製品に対する信頼が高いことと同時に、外国為替レートが円安・人民元高になっていることが挙げられる。今から3年前の2013年では1人民元＝約12円だった外国為替レートが、2015年では5円も値上がりして、1人民元＝約17円になっている。アベノ

ミクスの効果が現れて円安・人民元高が進み、中国人の日本旅行熱に火がついたと言える。

　これまでは、中国人の旅行者が増えた原因として、人民元高といった外国為替レートを挙げた。しかし、２０１５年に中国から日本への旅行者が５００万人に迫った要因は、他にも指摘することができる。まず第一に、**ビザ**の発給要件が緩和されたことが挙げられる。滞在が15日以内の団体観光ビザに加えて、個人観光用の短期滞在ビザ、沖縄県数次ビザ、東北三県数次ビザなどが用意された。さらに、高額所得者に対しては、有効期限が5年の数次ビザ（1回の滞在期間90日以内）も発給されている。なお、数次ビザとは、定められた有効期間内に何度でも出入国できる査証のことで、マルチプルビザとも呼ばれる。

中国人の爆買い

写真提供：産経新聞社

　第二には、富士山や京都などの観光地の魅力が挙げられよう。富士山は世界遺産にも登録されたことから、中国人に限らず世界中から観光客が訪れている。最近では、北海道や九州といった地方にも、中国人旅行者が大挙して訪れている。第三には、中国人特有の人間関係が挙げられる。彼らは、家族や職場の同僚などの親しく付き合っている人に観光地の印象を語り、たくさんの土産を配る。それが、インターネットや**クチコミ**を通じて伝わり、日本への旅行が多くの中国人に関心を持たれるのである。

その反対に、日本から中国へ旅行する人が減少していることは容易に理解できる。円安・人民元高では、旅行代金が膨らむだけで、以前と同じ満足を得ることは難しい。それに、中国では近年、政治的な緊張、食の安全、大気汚染濃度の悪化（ＰＭ２・５による大気汚染）など、様々な問題が噴出している。日本人の中に中国の歴史や経済発展に関心がある人は多いが、外国為替レートの人民元高、大気汚染問題などを理由に中国旅行を断念する人が出るのは仕方がない。日本人の中国への旅行者数は、２０１１年に３６５万人、２０１２年に３５１万人、２０１３年に２８７万人、２０１４年に２７１万人と減り続けており、２０１５年はさらに減少するものと思われる。

第二次世界大戦後の世界経済

先ほども述べたように、１９４４年のブレトン・ウッズ会議で、戦後の貿易拡大と為替の安定を目的とした国際秩序が形づくられ、いくつかの制度が発足した。この会議で中心的な役割を演じた人物が、イギリスのケインズとアメリカのハリー・デクスター・ホワイトであった。彼らは、多くの努力を払って、短期の資金を融資して貿易を円滑にするＩＭＦと、長期の資金を取り扱って戦災国の復興と開発を目的とするＩＢＲＤを誕生させた。

　１９９７年のアジア通貨危機に際して、アジアの諸国（タイ、インドネシア、韓国など）は、ＩＭＦの融資により「経済の破綻」を免れることができたし、日本もＩＢＲＤの資金により新幹線や黒四ダム、東名・名神高速道路などをつくり、国の基礎となる生活基盤を整備した。また、ヨーロッパ諸国を中心に日本やアメリカを含む34カ国で**ＯＥＣＤ**（Organization for Economic Cooperation and Development）をつくることで先進国が模範を示し、「貿易秩序の安定」と「世界貿易の拡大」に尽力することとなった。このような様々な制度や活動が実を結び、世界の貿易量は輸出ベースで年間18兆ドルを突破するまでに拡大したのである。

　１９４８年には、**ＧＡＴＴ**（General

世界貿易の推移（輸出ベース）

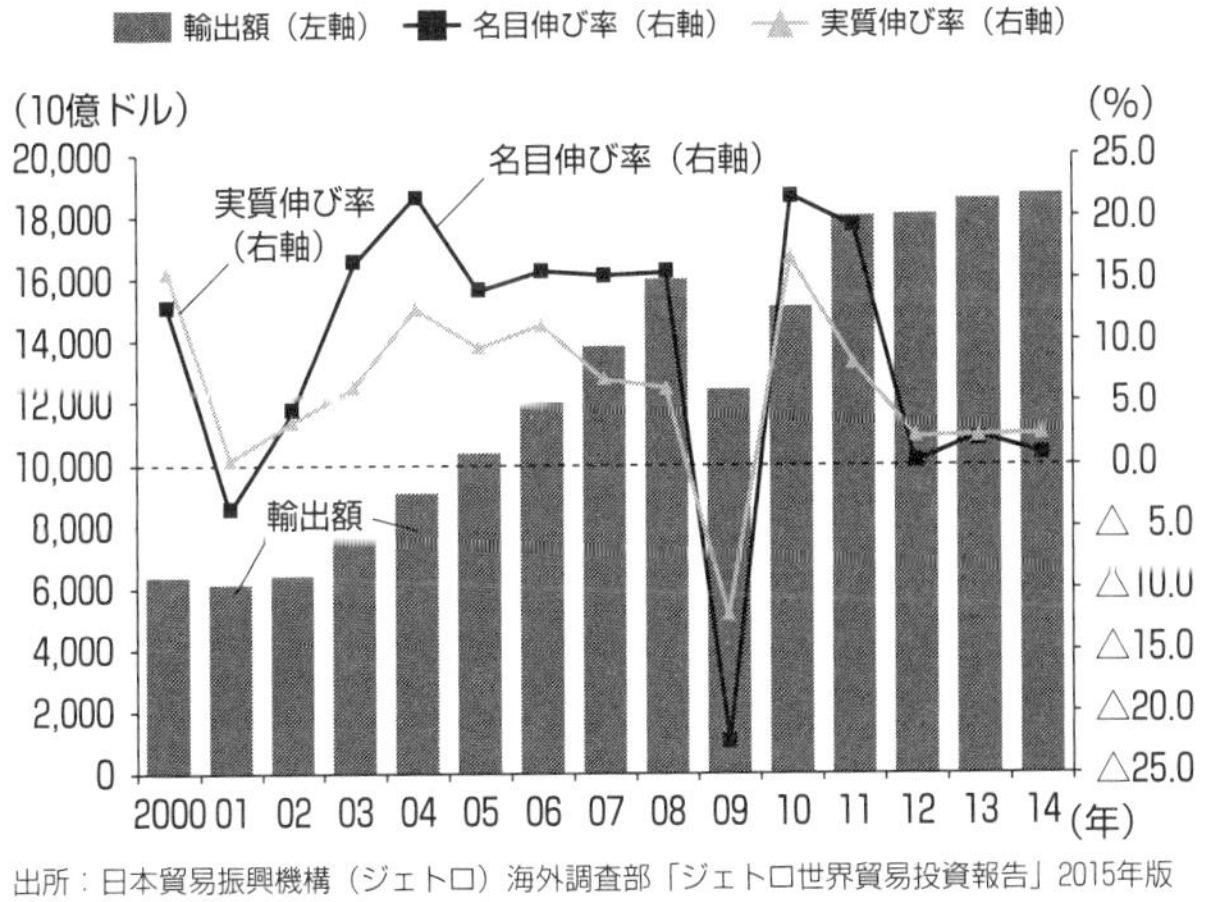

出所：日本貿易振興機構（ジェトロ）海外調査部「ジェトロ世界貿易投資報告」2015年版

Agreement on Tariffs and Trade）を発足させ、自由貿易の促進を図った。これは、関税、輸入数量制限、輸出補助金、輸入審査基準、輸入審査手続きなどの撤廃を目的とした制度である。しかし、１９９５年になると、貿易の障害となるものを多国間の交渉（ラウンド）により取り除く**ＷＴＯ**（World Trade Organization）が発足した。この新制度は、ＧＡＴＴを引継いで自由貿易の維持拡大を目的とするもので、貿易紛争の解決などにも力を貸し、勧告や裁定なども行なっている。さらに、知的財産権の確立にも取り組むことで一定の成果を挙げてはいるが、２００１年から始まった**ドーハ・ラウンド**が15年たった今でも決着しておらず、暗礁に乗り上げたままである。

ＷＴＯが機能不全に陥っていることから、各国は2国間や多国間の経済協定に取り組むこととなった。それが、**ＦＴＡ**（Free Trade Agreement）や**ＥＰＡ**（Economic Partnership Agreement）である。前者は特定の国や地域での関税や規制撤廃を行ない、商品やサービスの流通を自由にするものであり、後者は商品やサービスの流通のみならず、知的財産権や投資の競争政策など、様々な分野で連携を進めるものである。それらの協定では、電子商取引などの新しい分野でも協力の促進を図っており、世界各国で提携が進んでいる。日本は、現在までシンガポール、チリ、ブルネイ、マレーシア、タイ、インドネシア、フィリピン、ベトナム、メキシコ、スイス、ＡＳＥＡＮ全体と締結し、オーストラリア、インド、ＧＣＣ（湾岸協力理事会）との交渉を進めている。

また、**ＴＰＰ**（Trans-Pacific Partnership）として知られる環太平洋連携協定も進みつつある。これは、２００６年にニュージーランド、シンガポール、チリ、ブルネイの４カ国で発足したもので、加盟国で取引される全品目の関税について、原則的に１００％の撤廃を目的とする斬新な協定である。２０１０年には、アメリカ、オーストラリア、ペルー、ベトナム、マレーシアの５カ国が参加し、２０１２年からはカナダ、メキシコが参加したこともあり、日本も２０１３年に交渉参加を表明した。交渉参加12カ国は、２０１５年末の締結をにらんで精力的に活動してきたことから、同年10月に実質的な合意に達した。２０１６年２月４日に協定への署名が行なわれ、各国の批准を待って正式に動き出す予定であるが、これからのことは不確定要素が多い。

ＴＰＰの署名式

写真提供：共同通信社

　交渉の合意内容は、きわめて多岐にわたるので、日本にとって重要な農産物重要５項目であるコメ、小麦・大麦、牛・豚肉、乳製品、甘味資源作物について見ておこう。コメの関税は７７９％に設定されている（ＷＴＯ協定税率は３４１円／kgの**従量税**）が、今回**ミニマム・アクセス**の枠内で、新たに７万８４００トンの輸入枠をアメリカとオーストラリアに認めた。小麦・大麦は、これまでの関税を維持する代わりに、小麦で25・3万トン、大麦で6・5万トンの特別輸入枠を新設する。牛肉は、関税を38・5％から段階的に引き下げ、16年目以降は9％まで引き下げる。豚肉は、高価格帯の**従価税**を現行の4・3％から10年目にゼロとし、低価格帯の重量税を1キロ482円から10年目に50円に引き下げる。乳製品は、バターなどの低関税輸入枠を新設するほか、プロセスチーズに関しても150トンの輸入枠を設けることとなり、オーストラリア、ニュージーランド、アメリカに適用する。最後の甘味資源作物も関税撤廃を進め、チョコレート菓子や砂糖にココアを混ぜた加糖調製品に、9・6万トンの低関税輸入枠を設けている。

COLUMN 11

チャーチルと金本位制復帰

金本位制とは、金《きん》を通貨価値の基準とする制度で、中央銀行が発行した紙幣と同額の金を常時保管し、金と紙幣との兌換《だかん》を保証したものである。

金本位制下では、中央銀行は紙幣を金に兌換できるように、大量の金を準備しておく必要がある。それゆえ、中央銀行は発行できる通貨量への裁量権を持つことができない。このことが、ケインズを管理通貨体制へと向かわせる大きな要因であった。

ケインズは、イギリスで創設された金本位制を時代遅れの産物と見ており、第一次世界大戦後にチャーチルが金本位制に復帰する際にも強く反対した。ケインズの書物『チャーチル氏の経済的帰結』（1925年）は、そのために書かれたものである。

チャーチルは、国家的威信に必要以上にこだわり、昔の大英帝国の繁栄をもたらした金本位制に復帰することこそが、第一次世界大戦が何も変えなかったことの証明であると考えた。彼は正真正銘の政治家であり、金本位制が強いイギリスを象徴していたのである。

しかし、イギリスの物価や賃金は戦争前に比べて10％も上がっており、戦前と同じ水準でのポンドとドルの交換比率（1ポンド＝4・86ドル）に復帰するならば、ポンド高により繊維・機械・石炭といったイギリスの輸出産業が深刻な打撃を受けることは明白であった。

金本位制への復帰は、物価と賃金の引き下げ以外に、イギリスの輸出を維持する方法がないことを意味する。経済学者であるケインズが反対したのは、当然のことであった。

さて、政治家チャーチルの決断により、石炭産業の労働者は、炭鉱内での時間延長、最低賃金の廃止、全員の賃金引き下げを突きつけられた。この政策に反対した彼らは、**ゼネラル・ストライキ**で対応したが無駄であった。

「イギリス蔵相（チャーチル）の表明した見解によれば、金本位制への復帰が石炭産業に生じた事態に対して何一つ責任を持たないのは、メキシコ湾流に対して責任がないのと同様であると言う。このような言い草は、脳たりんの部類（the feather-brained order）に属するものである。……（中略）……インフルエンザの流行で命を奪われるのが心臓の弱い人だけであるからといって、インフルエンザはいいことずくめであるとか、あるいはその病気が死亡率と無関係であるのは、メキシコ湾流が死亡率と無関係なのと同じだということは許しがたい」（前掲『チャーチル氏の経済的帰結』）

この金本位制復帰は、イギリスからの資金流出とアメリカへの資金流入をもたらし、かの地での空前の株式投資ブームを演出した。そして、株式市場のバブルは1929年10月28日に弾け飛び、それが世界恐慌へと発展していく。そして、全世界は、再び戦争の惨禍に見舞われることになったのである。チャーチルの下した金本位制復帰への決断は、イギリス一国だけにとどまらず、全世界へと不幸を拡散した。政治家の決断は、かくのごとく、きわめて重大である。

COLUMN 12

ＴＰＰとこれからの農業

秘密交渉で難産の末、２０１５年10月初めにＴＰＰ協定が大筋で合意した。この協定は、経済ルールの共通化を目指し、交渉参加国の経済を今よりも格段に活性化させることを目的としたものである。日本では、保険や医療制度といった重要な案件よりも、農業問題が一番取り上げられていたように見える。その理由は、政府がコメ、小麦・大麦、牛肉・豚肉、乳製品、砂糖といった農産物を重要5項目として聖域化していたからである。小説や音楽などの著作権についても、著作者の死後50年から70年へと20年延長された。

交渉の過程で、日本の農業は関税などの撤廃で壊滅的な被害を受ける、と騒がれた。果たしてそうであろうか。もちろん、これまでの歴史を見ればわかるように、高関税や輸入制限などによって守られてきた日本の農業は、多くの点で弱点を持つ。例えば、農業従事者の高齢化、一人あたり耕作面積の少なさ、人口減少による食料需要の低下、食事の洋風化、畜産や酪農での円安による飼料代の高騰など、問題が山積している。ＴＰＰによる貿易自由化がなくても、早晩、日本の農業が立ち行かなくなるのはわかっていたことである。

しかし、筆者自身は、日本の農業には大きな役割が与えられていると考える。よく知られているように、農業には**食糧安全保障**、洪水防止等の国土保全、癒しの田園空間の維持、文化の継承、地域共同体の復権等々、多面的な公益機能がある。安倍首相も、それらのことを理解しているがゆえに、「美しい田園風景を守っていくことは政府の責任である」と述べるし、「日本の農を守り、食を守る」とも約束している。政府は農業従事者が、意欲を持って農業に取り組める施策を講じる必要がある。だが、これまでと同じように、補助金や奨励金の支給を続けていても、日本の農業は良くならない。

では、どうしたら良いのか。筆者にも良い考えがあるわけではないが、いくつか思いつくことを並べてみたい。農業の後継者については、収穫の喜びなど農業の魅力を発信し、若者の心をつかむイメージ戦略が欠かせない。現代の若者は、自然の中で生活したことがないので、水田での稲の苗づけや収穫などの体験学習を取り入れたイベントを開催することで、農業を身近に感じさせることがまず必要である。

また、農業は製造業などと違って、自然を相手にすることから、日照りや旱魃《かんばつ》などの影響を受け、分業の利益や規模のメリットは享受しにくい。どう考えても、農業は不利である。しかし、少しでも生産効率を上げるために、他業種からの参入や未耕作地などの集約を図り、ある程度の大規模化を推進することが必要である。また、地域特産物の開発を怠らず、その商品に高付加価値をつける努力も欠かせない。さらに、販売のためにマーケットの拡大を推進することも忘れてはならないであろう。

TPPを機に海外に打って出る、といった気概を持つことも大切である。日本の農産品は、見た目も立派で美味しく、安全で安心だと言われる。**ICT**（情報通信技術）を取り入れて、植物科学とテクノロジーとを融合させた「スマート農業」の試みも行なわれている。政府は、減反政策など農業を駄目にする支援ではなく、農業が真に自立していくための援助を積極的に行なってほしい。

第6章

日本の財政と金融

骨太の方針2015

内閣府から出されている『経済財政運営と改革の基本方針2015』、いわゆる『骨太の方針2015』の冒頭には、「安倍内閣は、『大胆な金融政策』、『機動的な財政政策』、『民間投資を喚起する成長戦略』の『三本の矢』からなる経済政策（アベノミクス）を一体的に推進してきた。この『三本の矢』の取組によって、『デフレ脱却・経済再生』と『財政健全化』は双方ともに大きく前進してきた」、とある。本章では、この『骨太の方針2015』で言及されている日本の財政と金融を考察する。

日本の財政

財政とは、政府の経済活動のことである。ここで、政府とは、中央政府に地方政府を加えたものと考えてよい。経済活動に必要な資金は、一般には税金として集められ、それを元に政府は各種のサービスを提供する。第1章で述べたように、経済生活は一人ではやっていけない。社会は「ギブ・アンド・テイク（お互い様）」で成り立っているからである。それゆえに、われ

税金の種類

		直接税	間接税
国税		所得税、法人税、相続税、贈与税など	消費税、酒税、たばこ税、関税など
地方税	道府県税	道府県民税、事業税、自動車税など	地方消費税、道府県たばこ税、ゴルフ場利用税など
	市町村税	市町村民税、固定資産税、軽自動車税など	市町村たばこ税、入湯税など

出所：国税庁

われは、政府サービスをテイクしている限り、その代価である税金をギブすべきなのである。納税（税金のギブ）により、①利益（公共財やサービスのテイク）、②保険（生命や財産の安全というテイク）、③義務（社会的弱者への貢献）などが得られる。

周知のように、日本の財政は、収入より支出のほうが多い状態が続いている。要するに、**赤字財政**が常となっているのである。この差額は、国債という名の借金で賄われており、現役世代の不相応な生活により将来世代にツケを回しているとも考えられる。それゆえに、赤字財政は、ある程度は、是正されなければならない。加えて、これまでに累積した国債が大量に存在し、**国債費**という元本と利子の支払いが増加している。そうすると、教育や警察といった重要な政府サービスの足かせとなる。財政健全化が『骨太の方針２０１５』に明記されているのは、そのような事情による。

日本財政の歴史を見てみると、①戦後の貧しい時代から

世界の租税負担率（国民負担率）

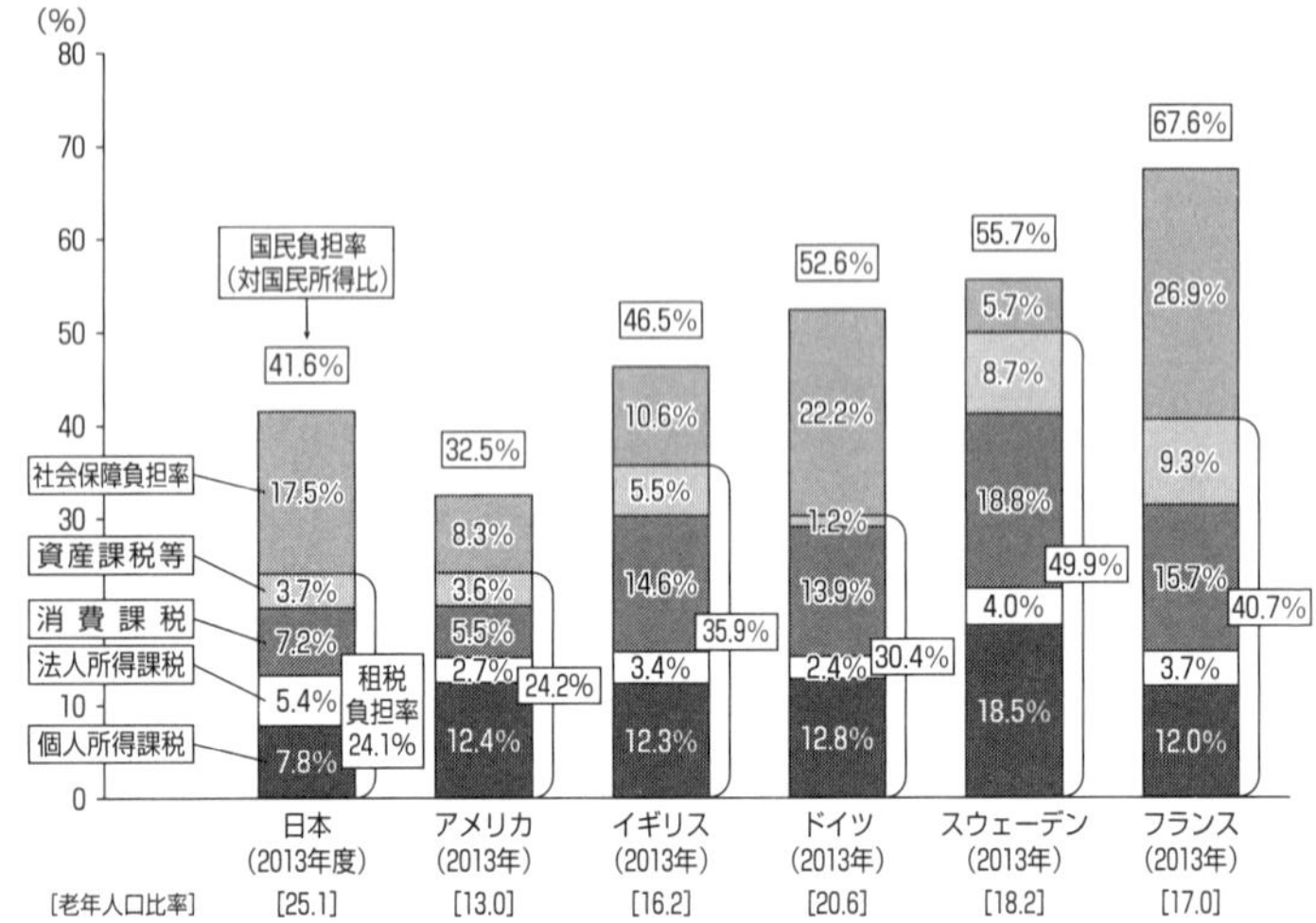

注1：日本は2013年度（平成25年度）実績、諸外国は、OECD "RevenueStatistics1965-2014" 及び同 "NationalAccounts" による。なお、日本の2016年度（平成28年度）予算ベースでは、国民負担率：43.9%、租税負担率：26.1%、個人所得課税：8.1%、法人所得課税：5.7%、消費課税：8.8%、資産課税等：3.6%、社会保障負担率：17.8%となっている
注2：租税負担率は国税及び地方税の合計の数値である。また所得課税には資産性所得に対する課税を含む

出所：財務省

の脱出を目指した貧困の解消や生活水準の向上、②豊かな国への接近を図った経済成長や社会資本の充実、③市民生活を充実させるための物価安定や国際収支の均衡、④より良い生活を求めた公害の除去や社会福祉の充実、⑤国際社会で貢献するためのＯＤＡ、国連・ＩＭＦ・ＩＢＲＤへの出資金の提供など、政府サービスの拡大には目を見張るものがある。このような国防・司法・立法・行政・貧困の克服・経済成長の実現・環境対策・国際貢献、公共財やサービスの提供（インフラ整備、医療や年金・地方への送金）などを実行

するには、かなりの財源が必要となる。

経済学の基本は、限りある資源をいかに有効に使うかということにある。政府支出は、国民の幸せを追求するためのものであるが、すべてのサービスにはコスト（費用）がかかることを認識しなければならず、その負担者はわれわれ以外に考えられない。日本の**租税負担率**は世界でも低いほうなので、サービスの充実を期待するのであるならば、われわれはもう少し政府に税金を払うべきである。もし、税金を支払うのが嫌ならば、政府サービスの削減を考えなければならない。経済学では、普通の人は、自分のことは自分でやるという「自助の精神」が基本となっている。**夜警国家**論にもあるように、政府サービスは安全保障、治安維持、社会基盤整備といった必要最低限だけにして、他のことはすべてカットするしかない。

日本の現行税制の特徴

日本の財政赤字は、政府サービスの拡大から生じてきた。政府は、貧富の差を縮小するために、所得の再分配政策を通じて、貧しい人に人間らしい生活を保証するための援助を行なわなければならない。また、ひとたび不況となれば、経済安定化を目指して、人々に仕事を与えるべく公共事業を増やす必要がある。資源配分の面からは、民間では提供できない道路や下水道などの公共財を、積極的に整備しなければならない。社会全体の治安や秩序の維持に加えて、経済の成長にも貢献することは、『骨太の方針２０１５』にも書かれているとおりである。

では、その財源はどうするのか。そして、誰がそれを支払うのか。ここでは、日本の現行税制について、簡単に見ておきたい。日本の税制は、１９４９年に来日したアメリカのカール・シャウプによって整えられた。彼の主張は、**租税三原則**にある公平・中立・簡素を目指しており、①所得税などの直接税中心主義、②法人税は35％の比例税、③地方税の創設、④**申告納税制**の制定などであった。現在でも続く**直接税**中心主義は、戦後の早い時期に、シャウプが導入したものである。

これによると、税制は所得税や法人税などの直接税が中心であるので、景気が良いときは税収も増えて財政は潤うが、いったん不況という局面になると税収は極度に落ち込み、さらには減税や公共事業の増大によって、財政赤字が膨らむといった問題をはらむ。要するに、日本の現行税制は、税収の伸張性がきわめて高いものとなっているのである。ちなみに、２０１５年に変更になった個人所得税の累進度は、課税所得に応じて5％、10％、20％、23％、33％、40％、45％の7段階である。

現在の日本（２０１６年度予算）では、「アベノミクス」と呼ばれる経済政策の効果により税収も増えてきたが、依然として約35兆円の国債発行を余儀なくされている。その原因の一つに挙げられるのが**赤字企業**の多さであり、個人課税所得の低さである。現在でも、企業の約75％

所得控除一覧

物的控除	人的控除
雑損控除	寡婦（寡夫）控除
医療費控除	勤労学生控除
社会保険料控除	障害者控除
小規模企業共済掛金控除	配偶者控除
生命保険料控除	配偶者特別控除
地震保険料控除	扶養控除
寄附金控除	基礎控除

出所：国税庁

は赤字企業で税金を払っておらず、個人の約50％は所得が低すぎて税金が払えない状態にある。日本には、所得に**必要経費**として認められる項目が多く課税所得に達しない企業、所得に控除主義がとられているため課税所得を下回る個人などが多すぎるのである。

例えば、日本の主婦はパートタイム労働で、自分の所得を扶養の収入制限内の103万円までに抑える努力をしている人が多い。それは、この控除主義が大きな役割を果たしている。基礎控除の38万円と給与所得控除の65万円を足すと103万円となり、彼女は所得税を支払う必要がなくなるだけでなく、夫は**配偶者控除**を受けられる。現行の制度では、この特典を受けた主婦には、夫の健康保険に無料で入会できると同時に、基礎年金の支払いも免除される。女性の活躍が期待される今、配偶者控除を廃止すべきとの意見が大きくなっていることも頷ける。

もっとも、低所得者から所得税を徴収する必要はないが、裕福な自営業者の徴税には努力したほうが良い。サラリー

サラリーマンと自営業者の所得税額の推移

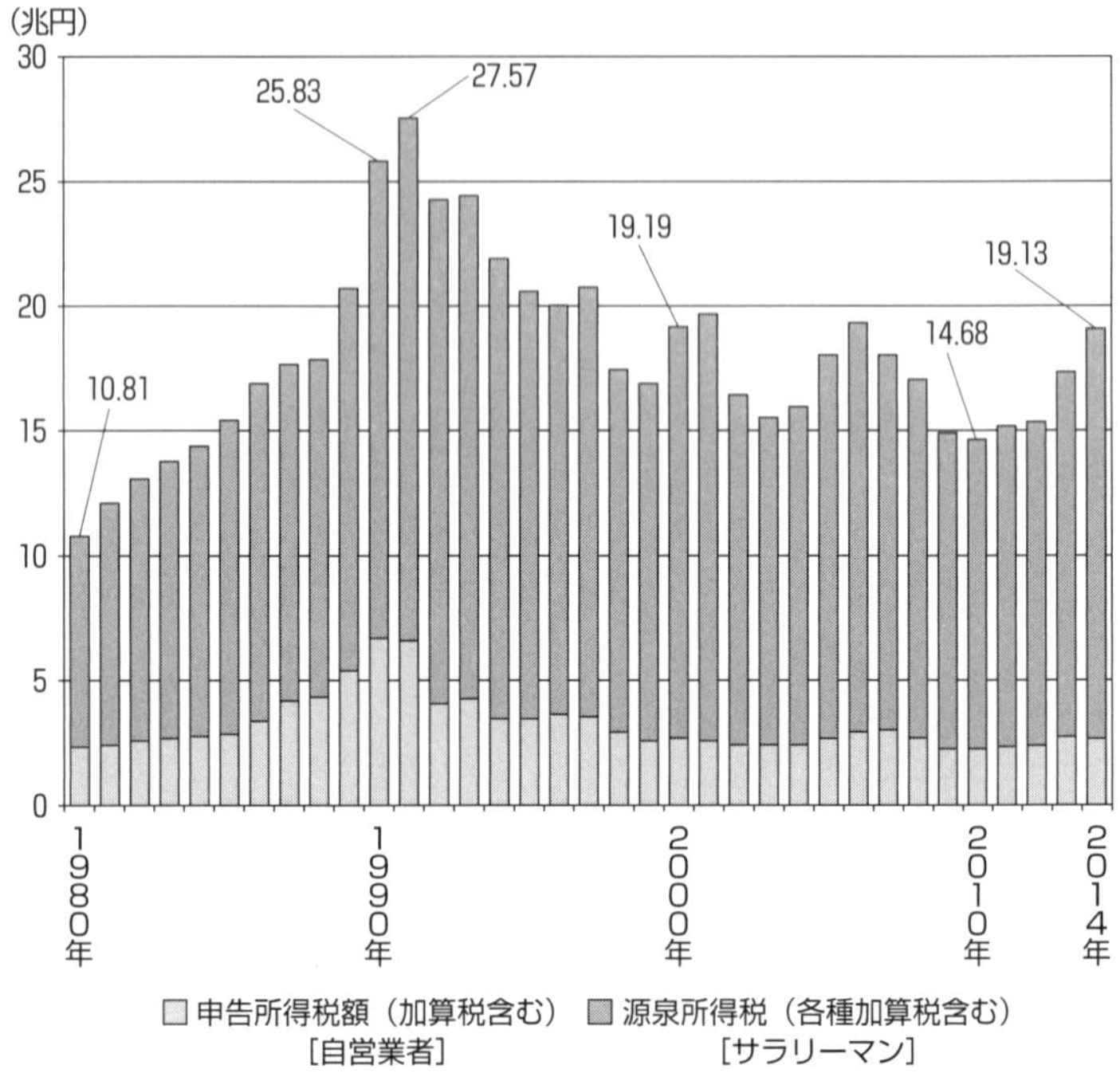

出所：国税庁

マンの所得は完全に把握されており、**源泉徴収制**により税回避などできないが、自営業者は申告納税制ということで過少申告になりやすい。実際に、自営業者に雇われている税理士には、脱税に近い節税指南をやっている者もいると聞く。税務署は、自営業者の所得の把握に努力すべきであろうが、税務署員を増やすことで徴税コストを上げたのでは元も子もない。サラリーマンの**所得捕捉率**は約9割、自営業者は約6割、農林水産業従業者は約4割なので、しばしば、「クロヨン《964》」と呼ばれているのはよく知られている。税務署は、所得の補足において、不公平感を持たれないように努力すべきである。

日本の脆弱な財政構造

戦後の日本は、高度経済成長などで財源が確保されており、借金である国債に頼る必要はなかった。しかし、1965年からは、財政法第4条により建設国債が発行されることになる。1965年は、東京オリンピック開催の翌年で、「昭和40年不況」が発生した年であった。これ以後、毎年のように建設国債が発行されることになる。さらに、1973年には第一次石

日本の公債発行額の推移

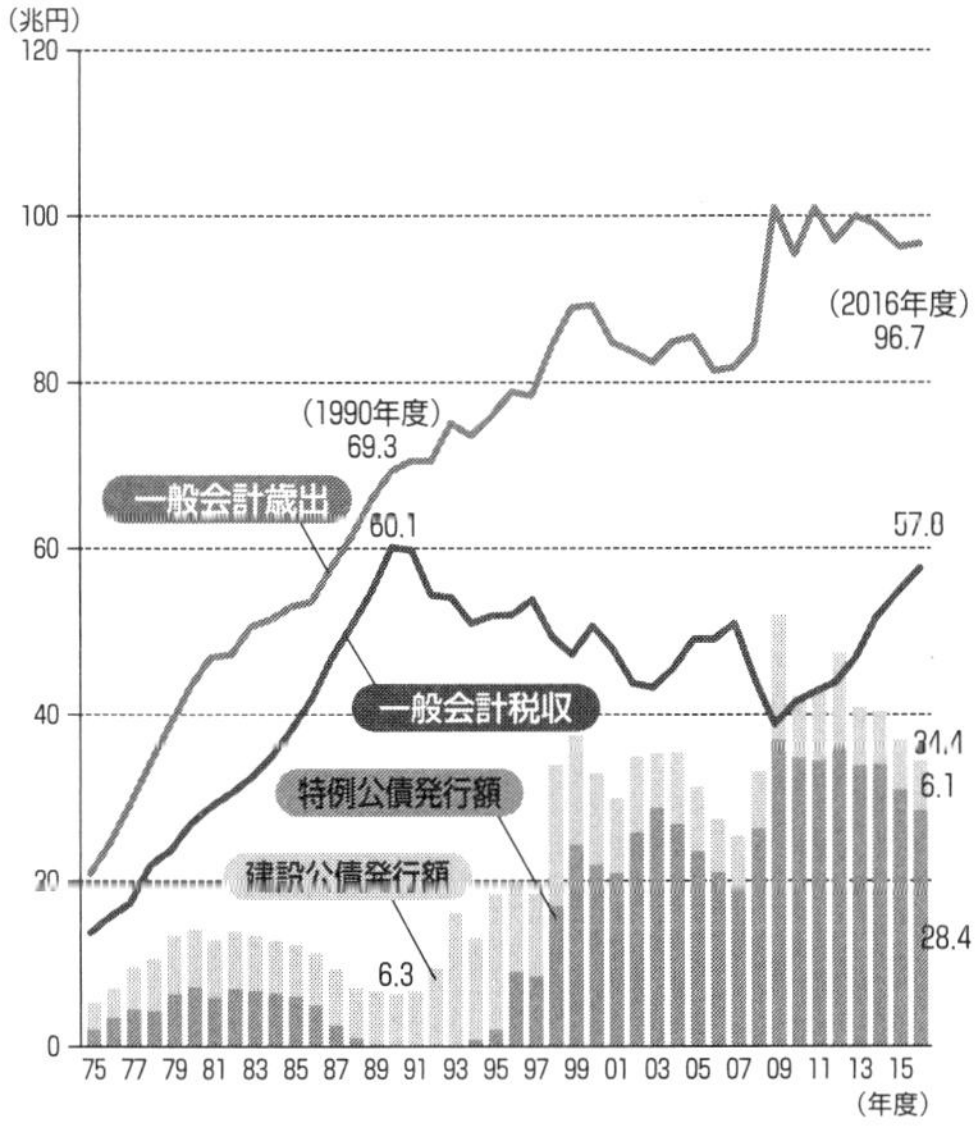

出所：財務省「これからの日本のために財政を考える」
（財政関係パンフレット）

2016年度一般会計予算案

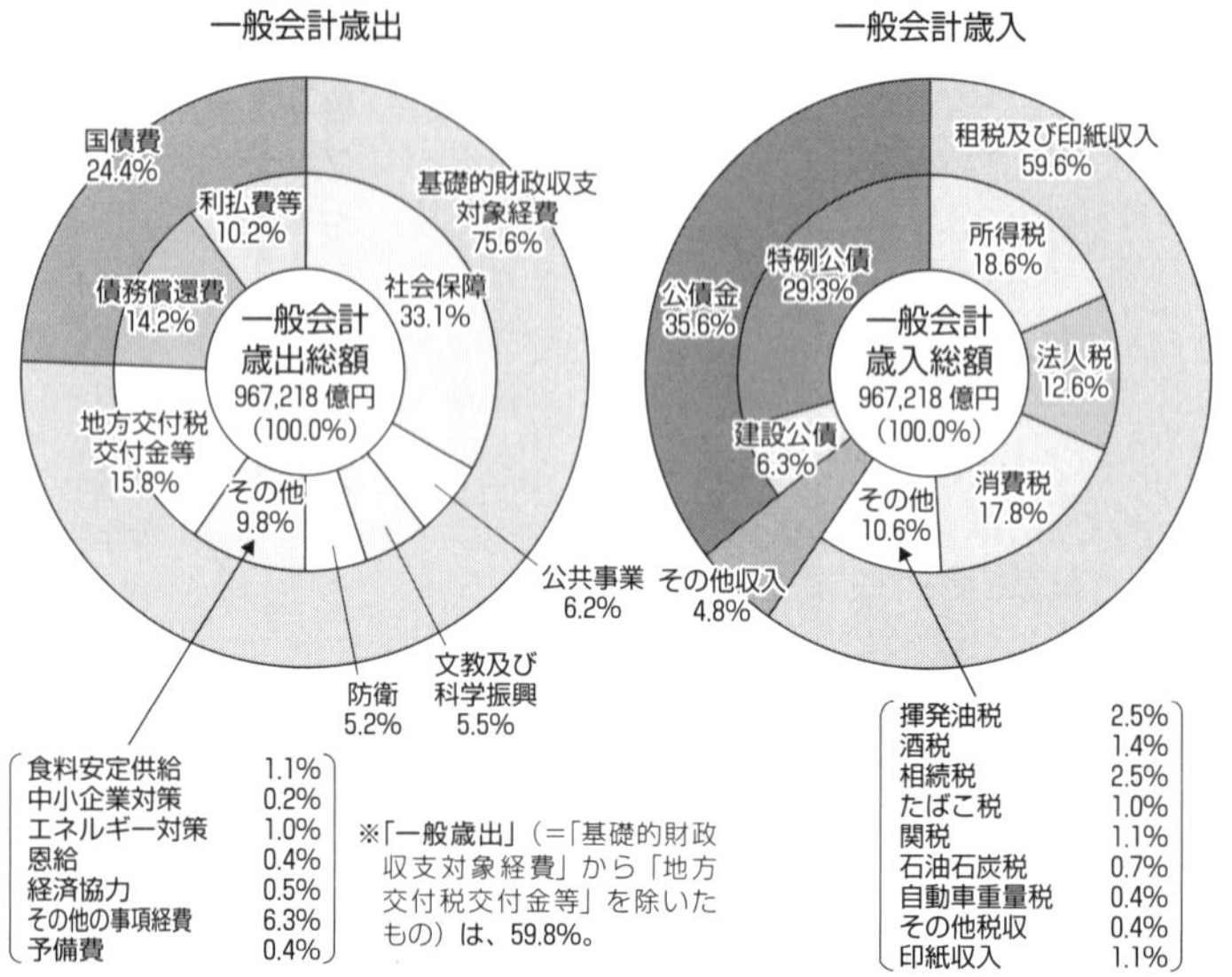

注１：計数については、それぞれ四捨五入によっているので、端数において合計とは合致しないものがある
注２：一般歳出※における社会保障関係費の割合は55.3%

出所：財務省「平成28年度予算のポイント」

油ショックが発生し、１９７４年には経済成長がマイナスに陥ったこともあって、１９７５年からは**特例国債**（赤字国債）が発行された。そして、１９７５年以後は毎年のように特例国債が発行され続け、今日に至っている。

ところで、１９７３年は第一次石油ショックが発生した年として記憶されているが、田中角栄首相が70歳以上の老人の医療費無料化を打ち出した**福祉元年**でもある。経済不況による赤字予算に加えて、社会福祉の予算が重なることになった。それ以後、特例国債は、**福祉国家路線**

への邁進や**大衆民主主義**の弊害、さらには経済不況の深刻化などのために、拡大の一途を辿る。そして、今では約57兆円の税収で約97兆円の支出（2016年度予算）を実行するといった異常事態になっている。そのために、国と地方の債務残高は、1000兆円を超えるまでに拡大した。

日本の財政破綻は起こるか

世間では、日本が財政破綻に陥ると予想する派と、陥らないと予想する派に分かれて、盛んに議論を戦わせている。これだけ債務残高が多いと、日本の**国債格付け**は低下し、国債が売りに出される可能性は高い。今は日銀が市場に出回る国債を必死に購入しているので、国債金利は史上最低の水準にあるが、景気が良くなれば金利は上がっていかざるを得ない。金利が上がれば、国債費（元本と利子）は上昇するので、政府の歳出が異常に膨らむ。**社会保障費**の増大だけでも大変なのに、国債費まで増大するとなると、政府の歳出は優に100兆円を超えることになる。日本の財政は、実に大変な事態となっているのである。

ところで、EU理事会（**マーストリヒト条約**）の指針によると、ヨーロッパの国がEUに入るためには、四つの条件（物価安定、財政安定、金利安定、為替安定）がクリアされなければならない。

国と地方の長期債務残高の推移と対GDP比

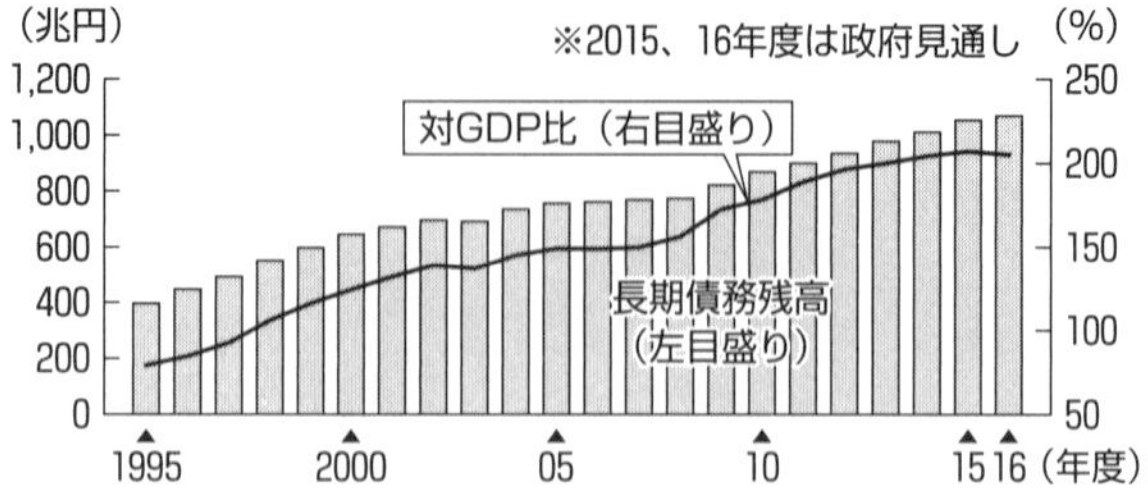

出所：財務省

その中でも財政安定では、原則として、財政赤字はＧＤＰの３％以下、国債残高はＧＤＰの60％以内というルールが義務づけられている。日本の２０１６年度予算の財政赤字は、少なくなったとはいえ、約35兆円でＧＤＰ（約５００兆円）の約７％に達し、また長期債務残高は約１０００兆円でＧＤＰの約２００％に達している。これを見れば、日本はまったくＥＵに入ることができないことがわかる。いつのことかはわからないが、近い将来、日本の財政破綻が起こる可能性は高いと考えるべきであろう。

もっとも、財政赤字がＧＤＰの一定割合であれば、国債残高の対ＧＤＰ比は一定の値に収束し、財政破綻は生じない（**ドーマーの条件**）ということなので、そんなに憂慮する必要はないかもしれない。また、日本には多額の国内・海外資産があり、国内の個人金融資産だけでも１７００兆円を超えている（２０１５年）ので、麻生太郎財務大臣の「日本の財政破綻は起こらない」という発言は、一定の真理を含んでいる。さらに、日本の消費税は８％と世界標準の15％から見るとかなり低く、歳入

世界の消費税（2015年1月現在）

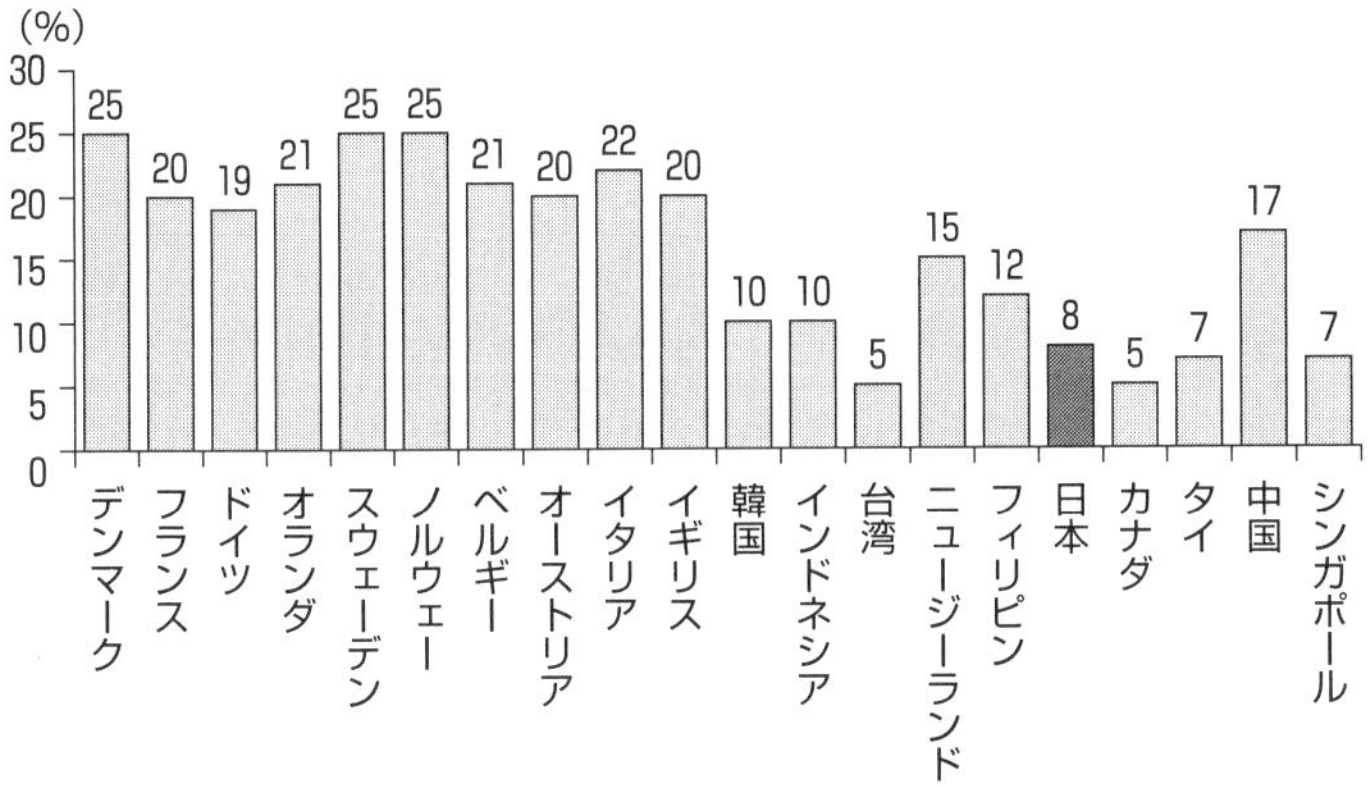

出所：国税庁

増の可能性を残していることも大きな強みである。

しかし、これからの日本は少子高齢化を迎え、労働人口が減少していくことを考えると、そうとばかりは言っていられない。例えば、近い将来、日本の**名目成長率**がマイナスに陥るならば、国債残高の対ＧＤＰ比は一定の値に収束せず、財政赤字が日本の財政破綻に直結する可能性がある。

以前のことだが、国際機関が日本の財政破綻を視野に入れて、活動していた事実がある。ＩＭＦの関係筋が２００２年に、**ネバダ・レポート**という、日本が財政破綻をした際の分析を行なっている。その報告書には、日本が財政破綻した場合の措置として、20％の消費税、公務員の人件費削減や退職金の全面カット、年金の大幅削減、預金の30％没収などが記されていたのである。

日本銀行の役割

ここからは、日本銀行（日銀）の役割について、簡単に見ておこう。日銀は、日本の中央銀行のことで、物価の安定と信用秩序の維持（金融システムの安定）という2大目標を持っている。物価の安定とは、インフレでもデフレでもない、安定した物価水準を保つということである。物価が上がれば、日銀が発行している紙幣の価値も下がるので、人々の生活に影響が出る。1973年の第一次石油ショックのときには、物価が20％も上がり人々が物資の買いだめに走ったので、トイレットペーパーが店頭からなくなるといった事態が発生した。

一方で、このところのデフレ経済では、持っている貨幣の価値が上がることから、人々は消費を控えるようになり、ますますデフレが進んでしまう。ケインズは、「インフレは不公正であり、デフレは不都合である」（Inflation is unjust and deflation is inexpedient.）として、インフレよりもデフレのほうが悪いと指摘した。なぜなら、インフレは貨幣所有者に不公平となるが、デフレは労働者を失業状態に追い込むため不都合となるからである。ひとたびデフレになると、企業は予想利潤率の引き下げや投資の縮小を行なうために、企業活動は不活発となり所得の減少と雇用の悪化が発生する。経済全体で消費や投資が冷え込むと、デフレがデフレを呼ぶスパイラルに陥ることもある。

信用秩序の維持とは、銀行の銀行として、日銀が民間銀行間の資金決済サービスの中核や、日本銀行券（日銀券）という紙幣発行主体の担い手であることを意味する。さらに、業務運営の実態やリスク管理、**自己資本比率**や収益力などを絶えずチェックし、経営の健全化を確認する。経営状態が悪い銀行で、**取り付け**などが起こる際には、日銀は**「最後の貸し手」**として資金を融資する。民間の銀行がつぶれたのでは、人々は安心して自分のお金を預けられないので、金融システムの安定を図ることは日銀の重要な目標となっている。

さて、日銀が持つ3大機能とは、発券銀行、銀行の銀行、政府の銀行のことである。発券銀行とは、日銀が日銀券（1000円・2000円［2003年以降は発行していない］・5000円・10000円）を発行する主体だということである。日銀は、主に日銀券として紙幣を発行し、コイン（1円・5円・10円・50円・100円・500円）は政府が発行する。日銀が発行する紙幣は、金との兌換《だかん》はできないが、その価値はちゃんと保証されなければならない。そのために、様々な金融政策手段を用いて、通貨の安定と経済の成長を模索している。

また、銀行の銀行としては、政策金利政策や公開市場操作、さらには支払準備率操作という3大政策が挙げられる。まず第一は、政策金利政策としてベース・マネー（現金通貨＋銀行準備金）を調整する。政策金利を誘導することで、貨幣供給量を調節し、経済の活性化や物価の安定に寄与する。景気が良いときには、金利を引き上げて貨幣供給量を絞り、物価を抑制するし、景気が悪いときは金利を引き下げて貨幣供給量を増やし、物価の上昇を図る。第二には、公開市場操作が挙げられる。市中銀行にある債券などを売買することで、市中の貨幣量をコントロールする。景気が良いときには、「売りオペ（売り操作：好況のときなどに市中銀行に債券を売り出すこと）」を行なって市中から貨幣を回収し、景気が悪いときは「買いオペ（71頁を参照）」を行なって市中へ貨幣を提供する。支払準備率操作は、民間銀行が日銀に預けている準備金の割合を操作することで、景気の安定を図る政策である。

日銀は、伝統的に、物価騰貴といったインフレ時には果敢に行動してきたが、物価下落などのデフレ時には行動が消極的であった。だから、バブル崩壊後のデフレ時においても、多くの国でとられている**インフレ・ターゲット政策**を導入せず、各国が量的緩和政策を強化したときも、日銀は小出しの金融緩和に終始した。そのため、20年以上もデフレから脱却できない状態が続き、デフレ不況は日銀の失敗とまで批判された（失われた20年）。2013年4月に、日銀総裁が黒田氏に代わってから、2％のインフレ・ターゲット政策を導入し、量的・質的金融緩和政策を実行に移すことになり、事態は改善しているように見える。

次に、政府の銀行として行なっている3大業務について見てみよう。第一は「国庫金の出納《すいとう》業務」である。国庫金とは政府預金のことであり、われわれの納めた税金や社会保険料などからなる。公共事業を行なえば国庫金から支払われ、高齢者に欠かせない年金も国庫金から支出される。第二は「国債業務」で、国が受け入れた国債の管理・保管を行なう。主な業務としては、国債の発行、国債の登録や振替決済、国債元利金の支払いなどである。政府財政が赤字のときは、国債を発行して赤字分を調達しなければならない。

第三の国際業務とは、外貨準備と保有外貨資産の管理や外国為替市場への為替介入などである。日本政府は、外国為替相場の安定を図るために、必要に応じて為替介入を行なう。例えば、ドル買い・円売り介入をすれば円ドル相場はドル高・円安へと動き、ドル売り・円買い介入をすればドル安・円高に動く。為替介入の最高責任者は財務大臣で、その財務大臣の指示により、日銀は金融機関や外為ブローカーとの為替取引を行なうのである。

国債発行と景気の関係

本章の最後に、日本政府が行なっている国債発行政策が持つ意味を考えてみたい。政府は、2015年度において、新規国債約37兆円プラス**借換債**約133兆円で、合計170兆円を超える国債を発行した。ここで、借換債とは、国債の満期がきても完全には償還せず、借換える国債のことである。国債は60年で償還するルールがあり、10年満期の国債でも60分の10だけ償還し、残りは借換債を発行してしのいでいるのが現状である。

日銀総裁が黒田氏になって、2013年4月から量的・質的緩和政策をとり、さらに第二弾として2014年10月に国債購入額を増やすなどの追加緩和政策を発表したために、日銀の国

日本国債の保有者

2015年第4四半期・合計911.3兆円（比率：暫定）

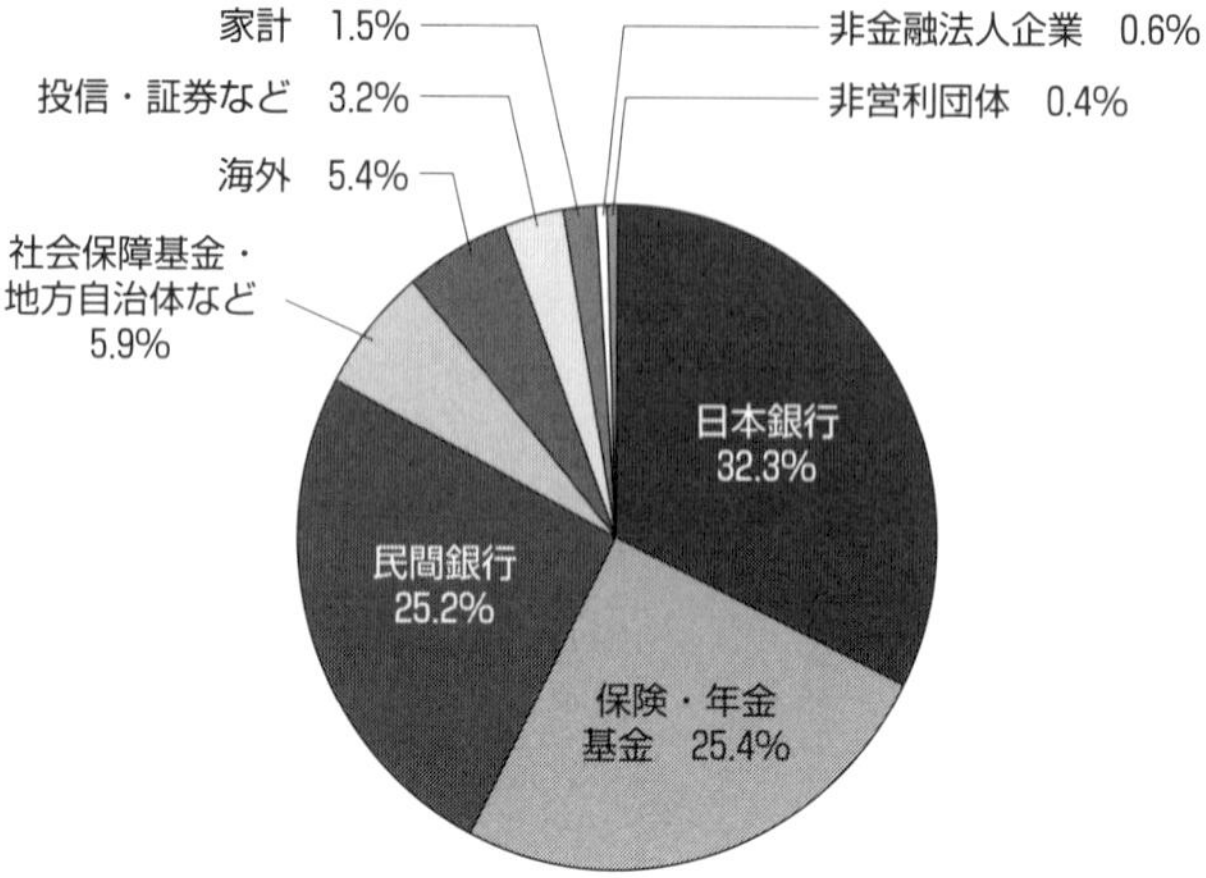

2015年第4四半期・合計911.3兆円（兆円：暫定）

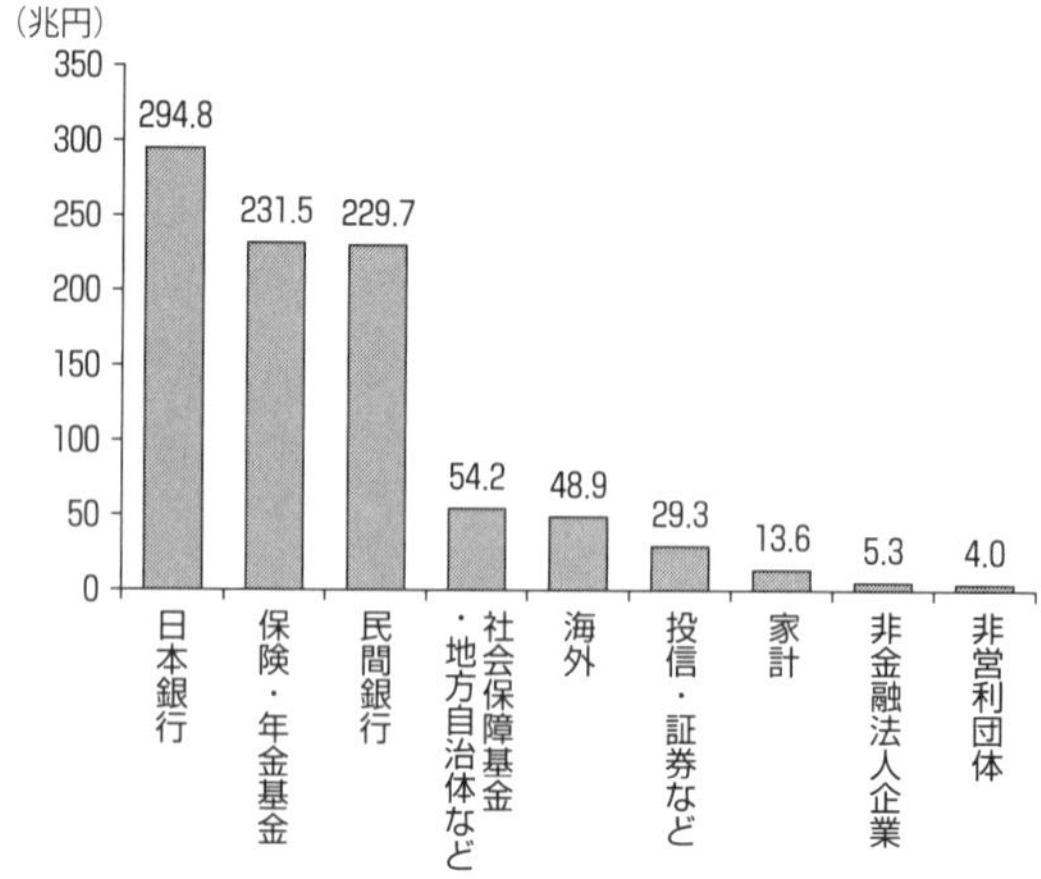

出所：日本銀行

債購入額は80兆円規模となった。そのために、日銀の国債などの保有額は増え続け、300兆円に達する勢いである。国債の保有は、銀行や保険などの**機関投資家**よりも、日銀が一番大きな割合となっており、近い将来40%を超えることは確実だと言われている。このような国債購入政策を続けていけば、何年か後には購入する国債そのものがなくなってしまいかねない。

日銀の**量的緩和政策**は、異次元緩和というキャッチフレーズのもと、2%の物価上昇まで継続されると思われるが、経済理論的にはどう考えれば良いのであろうか。理論的には、国債の大量発行は、需給のバランスから国債価格の低下をもたらし、それにより金利は上昇する。例えば、2%の利付き国債100万円が98万円で買えるとすると、金利は約4%に上昇する［(102−98)/98=0.04］。そうすると、金利上昇のために、民間投資が減少し、企業業績が悪化する。また、金利上昇は、為替相場において円高をもたらし、輸出企業の採算を悪化させる。これらが相俟って、企業の株式が売られて株安といった事態が生じる。最も心配なことは、金利上昇により国債の元利金払いが拡大し、国債費が増大していくことである。

マンデル＝フレミング・モデルによると、景気を良くするための国債発行が、逆に景気を悪化させるパラドックス（矛盾）を持つことになる。国債発行による公共投資などへの資金調達は、金利上昇による円高から、輸出の減少と輸入の増加を招来する。変動為替相場制のもとでは、政府の財政政策は、所期の効果を挙げることができず、景気を悪化させてしまう。また、クラウディング・アウト理論では、国債発行による政府の資金需要の高まりが市中金利を上昇させ、その結果、民間の資金需要が締め出されること（クラウディング・アウト）を指摘する。したがって、政府が景気回復のために公共投資を実施しても、全体の景気は良くならないのである。

黒田日銀総裁は、量的・質的緩和政策により金利を低く抑え、円安で企業業績が改善している今、企業による積極的な設備投資と賃金引き上げによる消費の拡大を通じて、2％の物価上昇を早期に実現したいと考えている。景気が上昇し経済成長が進めば、税収も増大して財政健全化にも貢献する。2016年1月には、マイナス金利の導入も決定した。それらの政策が功を奏するならば、設備投資や個人消費が増えるだけでなく、国の財政にもプラスの貢献をすることになる。中国経済の減速により原油価格が暴落し、世界経済に悪影響を及ぼしている今、この危機を何とか乗り切り、景気回復が実現されることを期待したい。

COLUMN 13

誰のためのアベノミクスか

2014年6月25日、日銀の関係者が行なう講演会に参加した。論題は「構造改革に立ち向かう人々」となっており、副題が「誰のためのアベノミクスか」であった。

筆者はその副題からして、てっきりアベノミクスに対する批判が中心だと思って参加した。しかし、そうではなかった。黒田日銀総裁の下にいる日銀関係者が、アベノミクスの批判などするはずがない。

講演は、「駆け込み・反動を乗り越えて再び回復軌道に」から始まり、アベノミクスの登場（2012年11月）で第一の矢と第二の矢を説明し、第三の矢として市場は成長戦略を待っている、法人税引き下げをめぐる議論が大詰め、という内容で終了した。

学生向けの講演会なので、日銀が実施した金融緩和や、データを駆使した様々な分析をやさしく紹介することは、必要なのかもしれない。講演者の名誉のために、もう少し中身を見てみると、思った以上に内容が充実していることがわかる。講演内容は、以下のとおりであった。

「日経センター短期経済予測、駆け込み・反動を乗り越えて再び回復軌道に、予測精度はどこも似たり寄ったり、円安なのに輸出伸び悩み?、輸出伸び悩みの背景に構造要因、消費税増税に伴う駆け込み・反動（1）、消費税増税に伴う駆け込み・反動（2）、消費税増税に伴う駆け込み・反動（3）、民間最終消費支出の見通し、繰り返す日銀批判、アベノミクスの登場（2012年11月）、**貨幣数量説**の考え方、量的・質的金融緩和（QQE）、強くコミットすることも政策、期待される波及効果、市場の反応（アベ・トレード）、そう言えばあのときも……、円安↓輸入コスト増↓CPI上昇、これまでにない変化も、電気関連製品の価格に異変、**GDPギャップ**はゼロになったが……、賃金と為替がカギを握る、見方は割れている、景気を牽引する公的支出、景況感を左右する駆け込みと反動、これまで政府がしてきたこと、財政政策で成長を支えるのは無理、長期停滞・デフレから脱却するには、日本経済を襲った様々なショック、潜在成長率の引き上げが必要、金融政策は構造政策まで代替できない、市場は成長戦略を待っている、法人税引き下げをめぐる議論が大詰め――」

筆者は、講演が終わった後で、講演者に「誰のためのアベノミクスか」、と質《ただ》したところ、「日本人全体のためのアベノミクスである」、という答えが返ってきた。この答えは詭弁《きべん》である。

なぜなら、今のところ、日本人の一部の人にしかアベノミクスの恩恵が行き渡っていないことは明らかだからである。日銀の国債購入によって金利が下がれば、外国為替は円安となる。円安によりメリットを受けるのは、自動車・電機・精密機器・化学・鉄鋼などの産業、外国の観光客とそれを迎える観光産業、外貨預金などの商品を持つ人々などであって、石油・エネルギー産業、電力業界、食料品やブランド品の輸入産業、個人の海外旅行などにはメリットとならない。

また、輸出企業などの株式を持っている富裕層は、企業収益の改善からくる株価の上昇で、個人持ち株の含み益も随分増えた。安倍首相が登場したころの日経平均株価は9000円程度で安かったが、2015年の初めには18000円程度と倍になったので、安倍氏の笑顔が目に見えるようである。株価の上昇に伴い、企業が保有している持ち株の含み益も増えたことから、決算で好業績を発表する企業が相次いだ。富裕層にとっても、また業績が好調な企業にとっても、アベノミクスは大変良い結果をもたらした。だから、「誰のためのアベノミクスか」という筆者の質問に、講演者は「富裕層と優良企業のためのアベノミクスだ」、と答えれば良かったのである。

しかし、株式を所有していない人々、円安による輸入品価格上昇で苦しんでいる業界の関係者、日本の企業の99%を占める中小企業、一般の生活者などはアベノミクスの恩恵を受けてはいない。また、サラリーマンも、労働分配分である賃金が上がらず、物価の上昇だけが先にきたのでは、**実質賃金**の低下につながるために、彼らも恩恵にあずからない人に数えてもよい。要するに、今回のアベノミクスは、今のところ、勤労者を含めた一般の人々にとってのものではないので、彼らに景気回復の実感がないのも頷ける。

もちろん、企業の業績が上がれば、雇用の状態も改善し、サラリーマンの賃金も上がることが期待されるが、最近の企業はリーマン・ショックに懲りたのか、利益を内部留保（企業内貯蓄）として溜め込むだけで、将来を見越した投資や、労働の分配に回していない。それどころか、社長をはじめとした取締役の報酬や株式の配当に利益を配分することが目立ち、日産自動車や武田薬品の社長の年俸は10億円に近いと聞く。アベノミクスが成功するためには、サラリーマンの賃金上昇からくる消費の拡大が欠かせないのに、今のところそうなってはいない。雇用環境の悪化で、非正規雇用労働者が急増しているることから、結婚できない若者が増えたために、少子化がますます進行している。日本の将来を考えたとき、少子化を放置しておくことは〝できない相談〟である。

以上の問題にもまして、筆者が心配しているのは、次のことである。一般的には、アベノミクスの第一の矢により、日銀が国債を大量に購入し、マネーを大量に流し続ければ、そのうち貨幣価値も下がり、インフレとなる可能性が高い。日銀も、2％のインフレ・ターゲットを設定している。大量の国債発行は、国債の信用を下げ、国債価格の低下をもたらす。それにより、金利が上昇することから、1000兆円を超える借金残高の利払い費も増加する。そうすると、利子と元本の合計である国債費の支払いが急増する。今は、日銀による超低金利政策が功を奏し、そのような問題は封印されているが、これからどうなるかは、きわめて不確実である。

例えば、2％に金利が上昇するだけで、国債費である元利金合計は30兆円（金利20兆円＋元本10兆円）を上回る。社会保障関係費も、超高齢社会ということから、30兆円を超えて増大している。しかし、われわれが現在支払っている税金は、消費税と所得税、それに法人税を合わせても60兆円（2016年度予算）に届かない。日銀の大量国債購入が、**財政ファイナンス**だということがわかった段階で、日本国債の売りが始まり、金利の上昇と物価の上昇が同時に発生するだろう。そうなると、われわれ国民の生活は、ことごとく破壊されてしまう。そのような危うさを、アベノミクスは持っているのである。筆者は、講演者が答えたように、今回の安倍首相の〝三本の矢政策〟が、「日本人全体のためのアベノミクスとなる」ことを、強く願っている。

COLUMN 14

敬老手帳はいらない

筆者の尊敬している友人にNさんという財政学の先生がいる。彼は、いつも大衆民主主義のもたらす弊害について、筆者に熱く語っていた。大衆民主主義とは、政治家が財政資金の手当もないのに、選挙で当選するために大衆に迎合して、財政赤字を膨らませることを言う。彼は、それを「老人民主主義」とも呼び、老人票が政治家に与える影響力の強さを力説する。そういう先生なので、「老人へのばら撒き政策」には、常々大反対であった。

その先生が65歳の誕生日を目前に控えたある日、名古屋市から「敬老手帳（シルバーカード）」なるものが送られてきたらしい。その手紙を見て、先生の怒りは爆発した。彼は、「何を失礼な」と、手帳の入った封筒を床に投げ捨てたらしい。彼は、65歳で老人呼ばわりされたくないし、名古屋市も赤字財政で困っているのに、そんなばら撒きをすべきではない、と考えたからである。以前、先生の奥さんに対しても、「敬老パス（市バス・地下鉄などを無料で利用できる敬老優待乗車証）は絶対に受け取らない」と宣言していた矢先のことでもあった。

しかし、その中の手紙をよく見ると、敬老パスは申請によって交付されるので、当分の間、先生は申請しなければ良いことがわかった。今は平均寿命も随分延びて、男女とも80歳代になっているので、先生のように65歳で老人と呼ばれたくない人や、もちろん敬老パスも受け取りたくない人はいる。このN先生は、名古屋市も日本政府と同様に、財政赤字に苦しんでいるのだから、「敬老手帳」を送るのをやめるか、あるいは70歳からにしたらどうか、と考えるのである。世間では、60歳代のことを**「シニア世代」**と呼んでおり、山登りや海外旅行などに積極的で、最も元気な世代とも言われている。

N先生は、筆者に「もう少し、今の日本経済に絡めて話させてください」、と言って次のように続けた。

「今の日本は、少子・高齢化で大変な状態にある。若者の拠出で高齢者に年金を支払うシステム（**賦課方式**）は30年ほど前にできた制度で、そのときは老人が少なく働き盛りの若者は沢山いたので、とても良い制度であった。しかし、今は少子化で若者の数が少ないうえに、不況で正規雇用の労働者も減っている。1人の老人を支えるのに2人の若者でも足りない事態となっており、もはや若者の拠出で老人に年金を支払うことなど不可能である」

そこで、先生は、次のような提案を行なった。

「年金は70歳になるまで支払いを延期したらどうか。60歳代の人々は、退職金を別にしても、これまでに蓄えた資産がある。当面は、それらの資産を使っていけばよい。昔からの美徳により、貯蓄（個人の金融資産）が多すぎて、消費が足りないのが日本経済の現状である。日本の**個人金融資産**は1700兆円を超えており、その大半は私たち60歳以上の高齢者が握っている。私の提案によりシニア世代の貯蓄が消費に変われば、長期にわたる不況も解消し、これからの日本を担う若者の雇用も改善する。さらに、年金の支給開始が5年延びることで、**年金財政**も健全化していくに違いない。一挙両得ではないか」

N先生の勢いは止まらない。「さらに」、と彼は言った。

「高齢者医療も、ただ同然に安いから駄目である。高齢者も、一般の人と同様に、3割負担にすべきである。そうすれば、乱診乱療や過剰な薬剤投与といったモラル・ハザードも必ず減る。今の日本は、老人民主主義で高齢者のパワーが強すぎる。政治家も、医師会という圧力団体を意識するので、大胆な社会保障改革ができないでいる。私の提案した制度改革で困る人には、生活保護などのセーフティネットを充実したら良い。憲法が保障した必要最低限の生活は、政府が面倒を見るべきである。また、日本はこれから労働力が減っていくのだから、70歳まで定年を延長するという手もある。働きたい元気な高齢者に仕事を与えることで、働く喜びと同時に社会保険の提供者となってもらうのである」

筆者には、N先生の真剣さが痛いほど伝わってきた。「時代に適した**構造改革**をしなければ、日本に未来はない」という先生の思いに、政治家は応えなければならない。

第7章

世界の人口問題

73億人を突破した世界人口

日本では、社会の成熟化により少子高齢化が進み、人口の減少が続いている。また、ヨーロッパを中心とした先進国でも、日本と同じように、出生率の低下や人口の高齢化が進んでいる。日本のマスメディアは、世界の人口問題については取り上げないことが多く、世界人口に関する知識がわれわれにはほとんどない。驚くべきことだが、世界人口は現在でも、爆発的と言っていいほどの増加を示している。国連の推計によると、２０１６年２月現在、世界の人口は73億人を突破し、このままの増加を続けていけば、35年後の２０５０年には約97億人に達すると言われている。

世界人口は、第二次世界大戦後の１９５０年には約25億人であった。しかし、その後、目覚しい勢いで増大し、１９６０年には約30億人、１９７０年には約36億人、１９８０年には約44億人、１９９０年には約52億人、２０００年

世界人口の推移

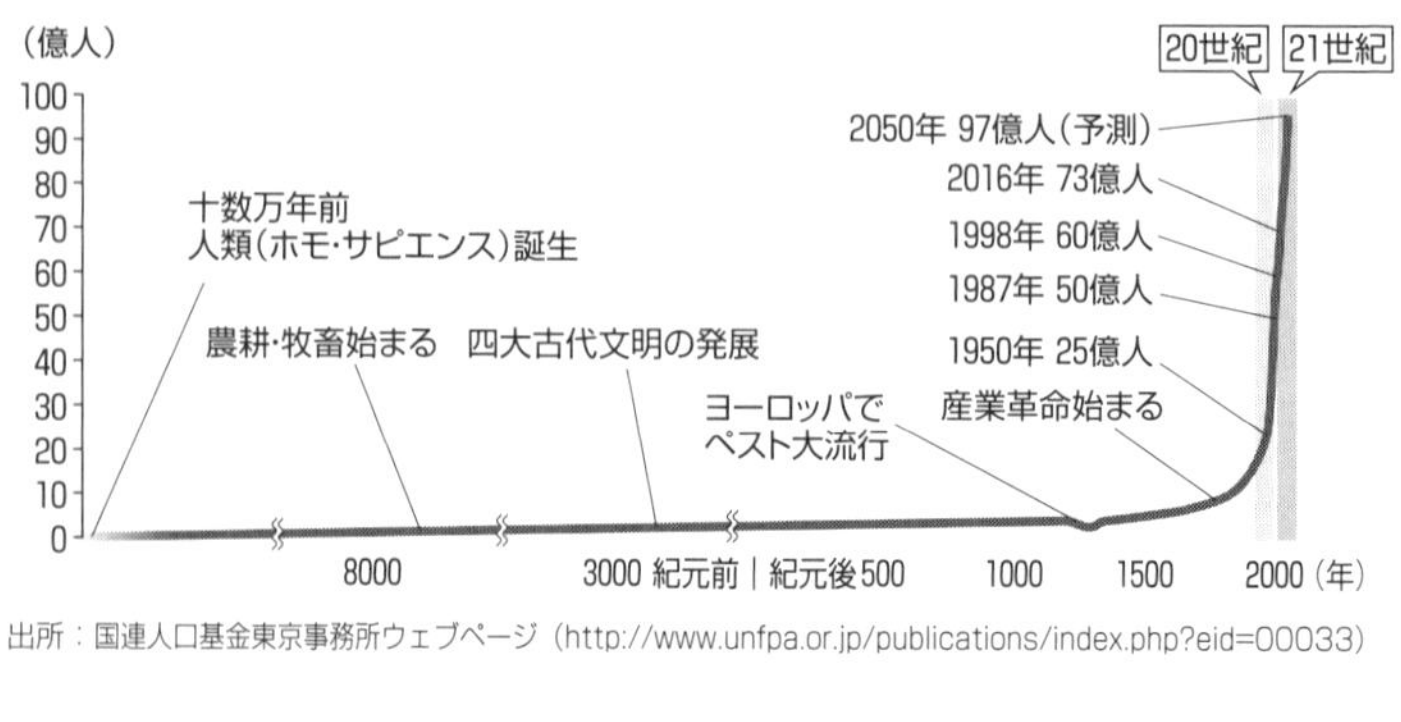

出所：国連人口基金東京事務所ウェブページ（http://www.unfpa.or.jp/publications/index.php?eid=00033）

には約60億人、２０１０年には約70億人となった。これがどのくらい桁外れの数字かは、少し前の時代を振り返ってみれば良い。今から約２６５年前にあたる１７５０年ごろの世界の人口は約８億人、約２１５年前の１８００年ごろは約10億人、約１６５年前の１８５０年ごろは約12億人、約１１５前の１９００年ごろは約20億人であった。

世界人口は、これまで50年ごとに、約８億人から約10億人へ、約10億人から約12億人へ、約12億人から約20億人へと徐々に増大してきたのである。しかし、第二次世界大戦後50年の間に、世界人口は約25億人から約60億人へと2倍以上に増大した。世界人口の異常な増加は、今までに経験したことのないものであり、「人類の生存に大きな影響を与える」と、ローマ・クラブ（資源・人口・軍備拡張・経済・環境破壊などの全地球的な問題に対処するために、イタリアのアウレリオ・ペッチェイを中心に世界各国の科学者、経済学者、経営者などにより設立された民間のシンクタンク）やアラン・ワイズマンなど、心ある人々が警鐘を鳴らしてきた。さて、地球には何人の人間が生存可能なのであろうか。

人口転換理論

人口の増大を説明するものとして、**人口転換理論**が有名である。この理論は、「人口転換の

人口転換図

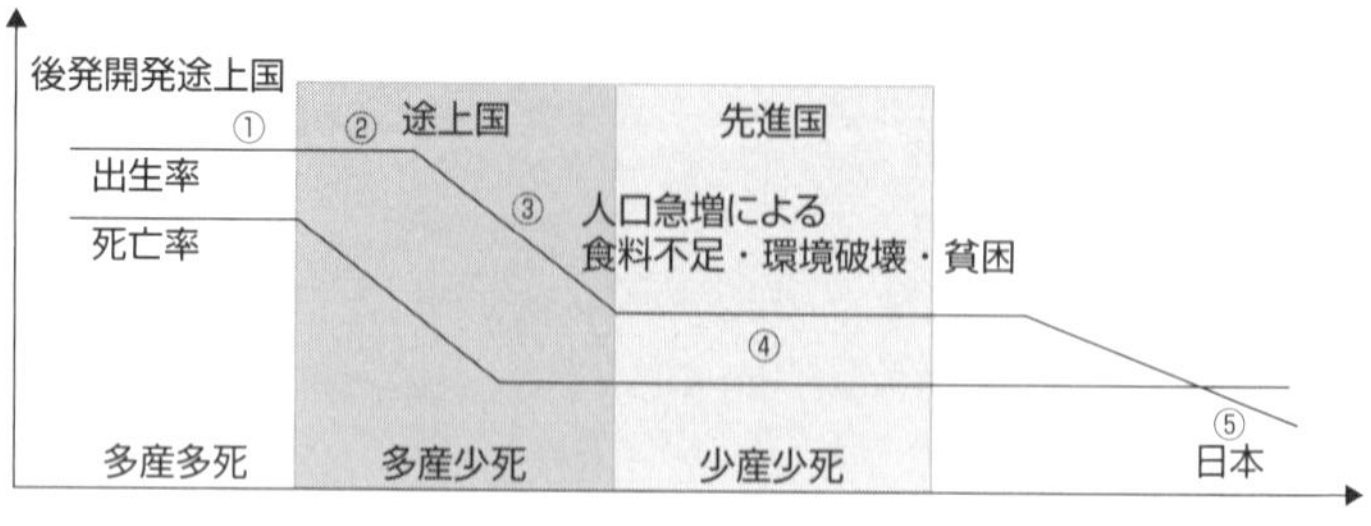

第一段階」として、後発開発途上国（特に開発が遅れている国）などに見られる出生率と死亡率との関係に着目する。これらの国では、人口は変わらない（上の図の①）。なぜなら、出生率は異常に高いが死亡率も同じように高く、人口には変化が見られないからである。次に、途上国（後発開発途上国よりも開発が進む国）の例では、出生率は高いままであるが、衛生や医学の進歩により死亡率が低下していく（上の図の②）。そのために、人口の増加が加速し、過剰人口を生み出すのである。これを「人口転換の第二段階」と呼ぶ。

途上国から先進国に移行する段階で、死亡率は低下しつつあるが、生活水準の向上から出生率が急激に低下していく（上の図の③）。これは、教育などが普及することで、女性の社会進出や晩婚化が進展するからで、「人口転換の第三段階」と呼んでいる。最後の「人口転換の第四段階」は、先進国の場合に見られるように、死亡率と同時に出生率も低いまま（上の図の④）なので、人口は一定となる。最近では日本のように、死亡率よりも出生率のほうが低くなり（上の図の⑤）、人口減少が顕在化していくことから、これを「人口転換の第五段階」と呼んでもよいかもしれない。

繰り返しになるが、２０１６年現在、世界人口は約73億人である。それを先進国と、後発開発途上国・途上国の二つのグループに分けてみると、前者は約11億人で後者は約62億人である。先進国の多くは、第二段階を通り越して第三・四段階に入ってきたが、途上国は第二段階にとどまっていることから、世界人口は爆発的に増加してきた（**人口爆発**）。過剰人口が引き起こす問題としては、食料不足からくる飢餓や餓死、石油などの天然資源の枯渇、森林などの自然環境の悪化、大量の移民や難民、都市のスラム化や治安の悪化、地域紛争などが挙げられる。例えば、アフリカなどの最貧国では、1日に1・25ドル未満で生活しなければならない人々がたくさんいる。このような危機的な事態に直面して、人類の英知を集めた国際連合では、どのような対策を講じてきたのであろうか。

国連による人口対策

第二次世界大戦後の１９５４年、国連主催のもとで国際人口会議が開催された。この会議では、人口爆発の持つ危険性について警告を発した。１９６５年には、第二回国際人口会議が開催された。しかし、これらの会議は有識者による会議であって、政府間による会議ではなかった。初めての政府間会議は、1974年にルーマニアのブカレストで開催された国連世界人口会議であった。ここでは、人口増加による問題点を洗い直し、開発について話し合われた。**家族計画**が提唱されたのもこの会議である。

その10年後の1984年、メキシコのメキシコシティで開催された国連世界人口会議では、途上国の死亡率や都市化の持つ弊害などが話し合われた。もちろん、家族計画の持つ重要性についても議論されている。そして、1994年の国連世界人口会議はエジプトのカイロで開催され、**持続可能な開発**、女性の地位向上、国際人口移動、女性の教育、エイズ問題などが議題に載った。ここでも、家族計画の重要性などが話し合われたが、女性の**エンパワーメント**や**リプロダクティブ・ヘルス／ライツ**について提案されたのが大きい。女性の権利が主張され、**ジェンダー問題**や中絶問題が議論された。

ここで取り上げられた、リプロダクティブ・ヘルス／ライツとは何か。それは、産むか産まないか、産むなら何人にするか、出産間隔はどうするのか、などについて夫婦が自由に決める権利を持ち、そのための情報などを得ることができることを言う。これは、従来の〝家族計画〟というものを超えた、非常に幅の広い概念である。しかし、このカイロ会議での議論は、個人の権利に重きが置かれたこともあり、地球全体の問題である過剰人口問題や環境問題について少し後退した感があるのは否めない。

国連は、2000年になると、ミレニアム開発目標（Millennium Development Goals）を提案

国連本部ビル
© Steve Cadman

する。これは、アメリカのニューヨークで開催された国連ミレニアム・サミットで採択された**国連ミレニアム宣言**をベースにまとめられたものである。目標は八つあり、２０１５年にはこれらの目標を達成できたかどうかが検証された。具体的には、１．極度の貧困と飢餓の撲滅、２．初等教育の完全普及の達成、３．ジェンダーの平等の推進と女性のエンパワーメントの向上、４．子どもの死亡率の削減、５．妊産婦の健康の改善、６．ＨＩＶ／ＡＩＤＳ、マラリア、その他疾病の蔓延防止、７．環境の持続可能性の確保、８．開発のためのグローバル・パートナーシップの推進である。

以上のような国連の活動には、高く評価できる点もたくさんあるが、アフリカなどの後発開発途上国で見られるように、伝統的な考え方、土着の宗教、避妊を嫌う慣習、中絶のコストなどがネックになり、実を結んでいないところも多い。このような困難な問題を解決するのに、様々な問題を抱える国連だけに頼ってはいられない。われわれは、あらゆるところから英知を結集すべきであって、ここで注目したいのがＮＧＯなどの非政府組織である。女性の教育や社会進出を図るためには、学校などのインフラを整備し、たくさんの教員を派遣しなければならない。そのために、ＮＧＯなどのように草の根の活動を支援する必要がある。さらに、後発開発途上国に送り込む人材や物資と共に、寄附金控除などの制度づくりを考えなければならない。

マルサスの人口論

ここで、人口問題の理解を深めるために、少し時代をさかのぼり、これまでに考えられた人口理論を考えてみたい。人口理論とは、その時代の人口数の増減が引き起こす様々な問題を提起し、問題の解決法を理論的に考察したものである。まず、古代ローマは、その当時世界で最大であった10万人の人口を擁した。このように大規模な人口は、国家権力の象徴にして国力の源泉であり、**パクス・ロマーナ**（ローマの平和）を維持するためには重要であった。ローマ皇帝にとって、大規模な人口は、多くの優秀な兵士を持つことにより外敵からローマを守るためにも、また海外に領土を広げるためにも、必要であった。

大規模な人口は、ローマ時代だけではなく、多くの時代で好まれた。その理由として、時の権力者は、大家族を持つことが男性の精力が旺盛な証拠であり、それを維持することは彼の自尊心を満足させたからである。また、大家族は血族間の緊密さをはかるうえからも好まれており、権力者は自分の娘を多くの支配者に嫁がせ、自らの基盤を磐石なものとすることに腐心した。さらには、農村においては、子どもは大切な労働力であり、自分たちの老後保障となって

トーマス・ロバート・マルサス

いたことも忘れてはならない。

　このように、多くの時代において、増大する人口は好意的に捉えられていたが、過剰人口に警鐘を鳴らしたのが、ケンブリッジが生んだ初の経済学者であるトーマス・ロバート・マルサスであった。彼は、1798年に『人口論』という書物を匿名で出版した。この当時、書物を匿名で出すことは一般的であって、デイヴィッド・ヒュームやジョン・ロックなどもそうしていたのである。この書物は、もともとはウィリアム・ゴドウィンやニコラ・ド・コンドルセといった**空想社会主義者**の学説に反対した論争の書であった。「人々が貧困に苦しんでいるのは、結婚とか所有といった社会制度が悪いからではなく、人口と食料がバランスをもって増大しない自然の法則による」、と言うのが彼の主張であった。

　彼の言う自然の法則とは、一つは食料が人類の生存に必要不可欠であり、もう一つは両性間の情欲は今のままで変わりがないということである。マルサスは、その当時入手したアメリカの統計をもとに考察を進め、人口は制限されなければ幾何級数的に増加するが、食料は算術級数的にしか増加しないと述べる。人口は、食料が潤沢にあって早婚が進んでいれば、25年ごとに2倍ずつ幾何級数的（1, 2, 4, 8, 16, ……）に増大していくが、食料のほうは、当時の技術水準ではどんなに努力したとしても、25年ごとに算術級数的（1, 2, 3, 4, 5, ……）にしか増加しない。

食料増産のためにあらゆる努力を払ったとしても、そのギャップから人類は多くの困難と害悪を味わうことになる。

この〝**幾何級数的増加**〟と〝**算術級数的増加**〟という表現は、たぶんに催眠術的であり、少しばかり誇張を含んでいるという意見もあるが、今でも現実のものとしてわれわれの手中にある。なぜなら、人口爆発が起こった1970年代には、途上国の人口増加率は年2％を超えており、このような幾何級数的増加が続けば、元の人口が2倍になるのは35年もあれば十分だからである。実際の統計を見ても、1970年には約36億人であった世界人口は、2000年には約60億人にも増加している。そのために、途上国などでは、飢饉、伝染病、非衛生的な住居、大都会への人口集中、不健康な職業などが広がった。

マルサスは、このような過剰人口が発生すると、「不幸と悪徳」(misery and vice) が増大して人口を規制し始めると言う。悪徳として出生率を低下させる結婚の延期などを「予防的制限 (preventive check)」と呼び、不幸として死亡率を上昇させる伝染病・飢饉・戦争を「積極的制限 (positive check)」と呼んだ。そして彼は、次のように述べている。

「人類の諸悪徳は、人口減少の積極的かつ有能な使臣である。それらは破壊の大群の先駆であり、またしばしば、それらだけで恐るべき仕事を完了する。しかし、もしそれらがこの絶滅戦に失敗するならば、疫病の季節、流行病および災厄が、おそろしい陣容で前進し、数万人を一掃する。成功がなお不完全であるならば、巨大で不可避的な飢饉が最後に横行し、強力な一撃をもって、人口を世界の食糧と同水準にする」（『人口論』初版第7章）

人口法則と霊的ダーウィニズム

以上のことを聞くと、マルサスは人口増大反対論者のように感じられる。しかし、本当にマルサスは人口増加に反対したのであろうか。マルサスには、純粋な愛の楽しみなど、人口増加を肯定している箇所も多いことから、今一度、彼が『人口論』を書いた目的を考えてみたい。

マルサスの『人口論』（初版）は、コンドルセの**人間の完成可能性説**を論駁《ろんばく》することが目的であった。しかし、マルサス研究者の第一人者であるジョン・マイケル・プレンは、マルサスがキリスト教の牧師だったことを念頭におき、この書物を**自然神学**の著作と見なすべきだと言う。プレンは、「世界と人生を、試練のためではなく、精神の創造と形成のための、神の偉大な過程と考えたい。不活発な、混沌とした物質を精神に覚醒させ、地上の塵芥《じんかい》を霊魂へと浄化し、泥の塊から霊妙な火花を引き出すのに必要な過程である」（『人口論』初版第18章）、という文章を取り上げ、食料供給に対する人口の圧力を、被造物の精神形成を道徳的・経済的発展を通じて促進しようとする創造主の慈悲的計画の一部だと考えたいと言う。

チャールズ・ダーウィン

人間は動植物と同じように、自らの口を養う自己保存本能と、相手を見つけて自分の子孫を残そうとする種族維持本能がある。また、人間は**ミクロ・コスモス**（小宇宙）とも言われるが、もともと怠惰な性格を持っており、人口法則といった強烈な刺激がなければ、自らの怠惰を克服しようとせず、個人的努力や経済的発展への刺激を持たない。そこで、神は食料が工夫や努力なしには増産できないことを人類に命じ、人類は限られた資源を奪い合う**生存競争**を繰り返す。『種の起源』を書いたチャールズ・ダーウィンは、マルサスのこの考えにヒントを得て、**自然選択**の思想に行き着く。両性間の愛情が性選択を通じて競争による自然選択を助け、進化が望ましい方向に向かうというのである。筆者は、マルサスの人口論は霊的レベルでの自然選択の過程を描いたものであり、「霊的ダーウィニズム」と呼びたいと考えるプレンの意見に賛成である。

厳しい人口法則は、克服可能な困難と必要最低限の害悪とをわれわれにもたらす。しかし、そのような困難、すなわち人口と食料のアンバランスといった強烈な刺激は、人間の精神形成にとって単に必要というだけでなく、社会の進歩にきわめて有益である。マルサスは、人間は皆、懸命に働くべきであり、自分の境遇を少しでも改善しようと努力することが、人間らしい精神形成に不可欠であると考える。霊的ダーウィニズムの考えを持っていたマルサスにとって、人口増加がもたらす困難と害悪は人間の精神形成にとって好ましく、ある程度の人口増加を肯定していることから、マルサスは決して人口増大反対論者ではないのである。

滅亡へのカウントダウン

アラン・ワイズマンは、『人類が消えた世界』（2007年）に続いて、2013年には『滅亡へのカウントダウン』という書物を出版し、世界中に衝撃を与えた。彼は、人類が人口爆発により、刻一刻と**カタストロフ**に近づいていると、次のように言う。

「われわれが認めようと認めまいと、今世紀には、地球にとって最も望ましい人口はどれくらいかが決まることになりそうだ。この望ましい人口は、二つのうちのどちらかの方法で実現する。つまり、人間が自らの数を管理し、文明のグラフ上のあらゆるデータを適正な範囲内に収めようと決意するか、そうでなければ人間に代わって自然が、飢餓、水不足、異常気象、生態系の崩壊、伝染病、減少する資源をめぐる戦争、——最終的に人間に身の程を思い知らせる事態——といった形で同じことをするかである」（『滅亡へのカウントダウン』第2章）

このような警告は、何もワイズマンが初めてではなく、マルサスのころから発し続けられているものである（**マルサスの罠**）。しかし、マルサスのころには約10億人だった世界人口が、今では約73億人に増大していることが問題なのであって、滅亡へのカウントダウンが始まりつつある。このような警告で他に有名なものとしては、ドネラ・H・メドウズらが発表した『成長の限界―ローマ・クラブ「人類の危機」レポート―』（1972年）がある。彼らは、その当時、急速に増大していく世界人口を深く憂慮し、「人口増加の問題を解決するために何の行動もとらないということは、強烈な行動をとることに等しい。幾何級数的増大の日々が続けば、それだけ世界システムはその成長の究極の限界に近づく。何もしないという決定は、破局の危険を増大させるという決定である」（『成長の限界』第5章）、と厳しい警告を発した。世界人口が、たかだか約38億人のときにである。

そして、メドウズらの警告のとおり、世界人口は幾何級数的に増大し続け、30数年が経過した今日では倍近い約73億人となった。そのように莫大な人口を支えるには、多くの食料・水・エネルギー資源が必要であり、オゾン層破壊・大気汚染・酸性雨・土壌汚染・生態系破壊・砂漠化・海面上昇・地球温暖化など、恐るべき環境破壊が進行していかざるを得ない。「世界人口、工業化、汚染、食糧生産、および資源使用の現在の成長率が不変のまま続くならば、来るべき100年以内に地球上の成長は限界点に到達するであろう。最も起こる見込みの強い結末は、人口と工業力のかなり突然の、制御不可能な減少であろう」（『成長の限界』序論）、という警告は、異常気象が多発している今のほうが現実味がある。パリで行なわれたCOP21の締結により、人類の足並みが揃うことを祈りたい。

日本の人口問題

前でも述べたように、日本は、人口が実際に減り始めている国である。経済的には、人口が増大したほうが、色々と都合が良いに違いない。人口が減っていけば、労働者の確保、消費の拡大、税収の増大、社会保障制度の維持などに対して、様々な問題が発生するからである。しかしながら、現在の日本では、人口増加に貢

日本の人口の推移

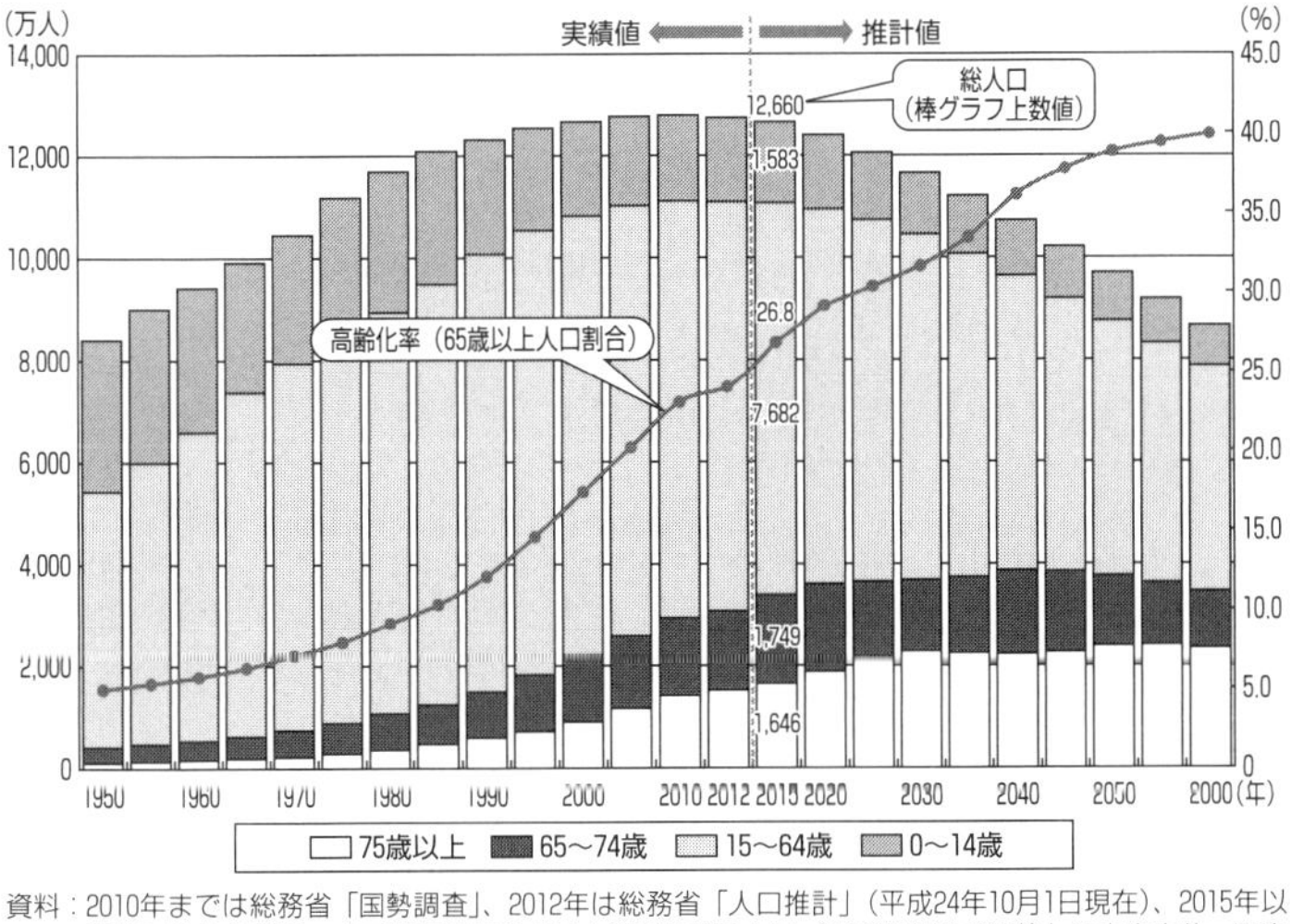

資料：2010年までは総務省「国勢調査」、2012年は総務省「人口推計」（平成24年10月1日現在）、2015年以降は国立社会保障・人口問題研究所「日本の将来推計人口（平成24年1月推計）」の出生中位・死亡中位仮定による推計結果

注：1950年～2010年の総数は年齢不詳を含む。高齢化率の算出には分母から年齢不詳を除いている

出所：内閣府「将来推計人口でみる50年後の日本」

献するような項目が著しく少ないように思える。例えば、若者の出会いの場の減少、出産・育児・教育に対するコストの増大、地球環境の悪化や生殖能力の減退、未婚・非婚人口の増大、女性の社会進出などが挙げられる。日本の人口は、これからも減り続けていくことが予想されている。

ヨーロッパなどの先進国では、出産や児童手当の増額、産前・産後の休暇の延長、保育施設の増設、子どもを持つ人に有利な税制改正などが有効に機能して、人口が少しずつ増大している国もある。しかし、地球全体から見れば、人口の減少は地球の破局を遅らせす良い知らせでもある。ワイズマンは、人間が自らの人口数を維持し、文明のデータを適正な範囲内に収めることを期待している。日本でも、これから数10年が経過したら、人口減少により自然と人間が共生できる空間が広がっていくかもしれない。

ワイズマンは、「日本で私は、若いエンジニアが十分な労働要員を確保するためにロボットを設計するのを見た。また、別の若者が田舎に戻っているのを見た。田舎では、大量の戦前世代が世を去っているため、手ごろな値段の土地と住まいが手に入るようになっている。テクノロジー、農業、ビジネス、学問へのこうした若者の取り組みは、実現可能な新たな未来をすでに形成し始めている」（『滅亡へのカウントダウン』日本の読者へ）、と日本の人口減少を評価している。

各国の人口政策

本章の最後に、日本や中国、それにスウェーデンの人口政策を見ておこう。第二次世界大戦後、日本の人口は著しく増大した。1945年の人口は約7200万人と推定されているが、その後、結婚ブームと出産ブームが続き、1950年には約8400万人となった。1947年から1949年までに生まれた人たちが**「団塊の世代」**と呼ばれていることは有名である。

そのような過剰人口対策として、1948年には**優生保護法**が制定された。この法律により、「妊娠の継続または分娩が身体的または経済的理由により母胎の健康を著しく害する恐れのある」場合、妊娠を人工的に中止しても良いこととなった。日本では、この優生保護法により、夫婦に子どもが二人という慣習が広まっていく。それでも、人口は徐々に増大していき、現在は約1億2700万人となったのである。

また中国では、1978年に憲法で、「計画出産」が提唱された。これは、21世紀の人口を12億人以下に維持することで、持続可能な経済発展を目的としたものである。1980年より、夫婦一組に子ども一人という**「一人っ子政策」**が本格的に始動し、1982年の憲法では一人っ子に対する学費援助や医療費補助が実行に移された。この政策は、人権問題などの多くの課題を抱えていたが、世界にとっては人口抑制に大きな効果が得られた。なぜなら、当時10億人

中国とインドの人口の推移

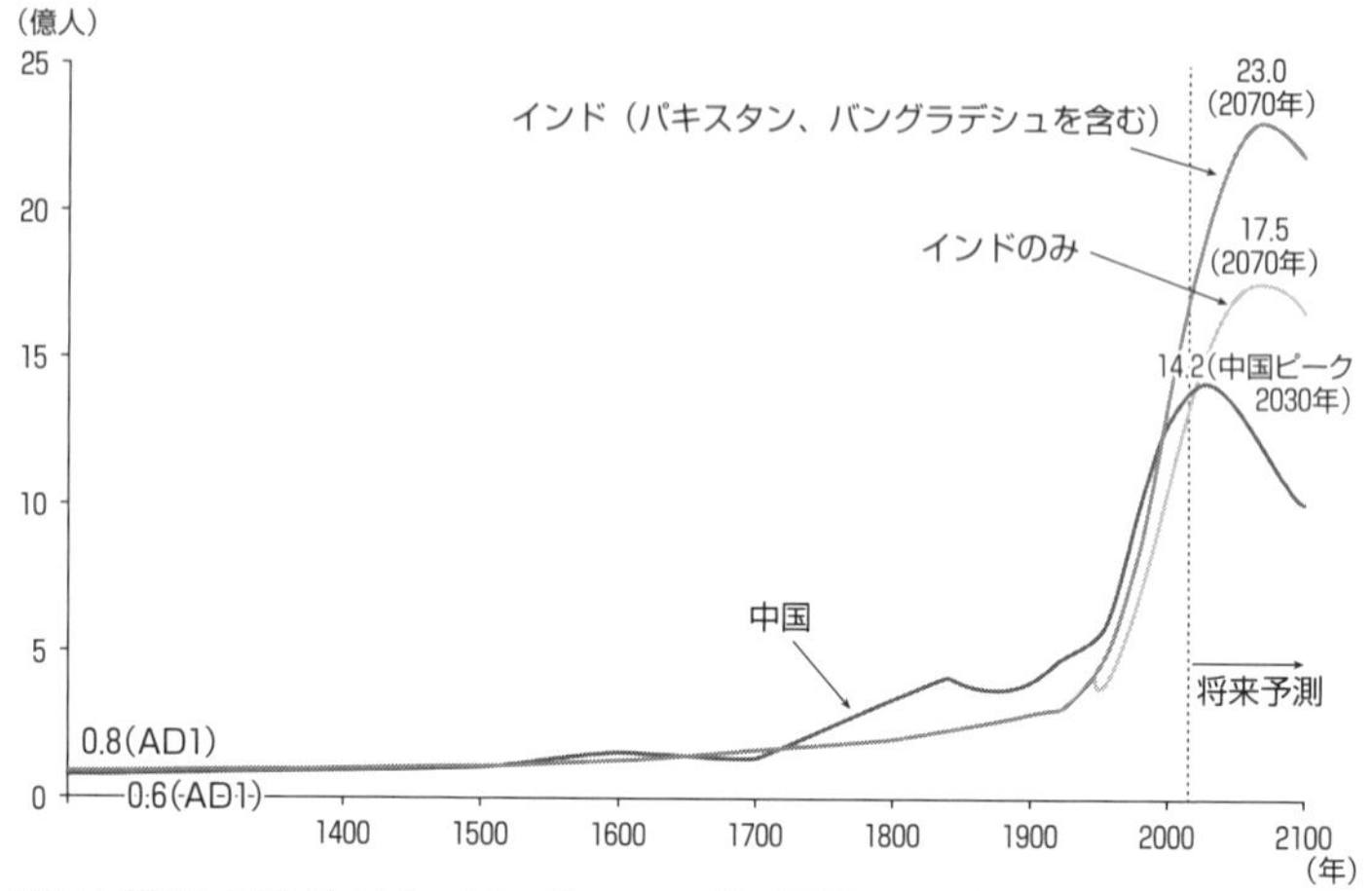

出所:国際連合(UN)World Population Prospects : The 2015 Revision(1950年〜2100年、中位推計)

であった中国の人口は、35年たった現在でも約13億６０００万人に抑制されているからである。それでも、インドの約12億６０００万人と並んで人口の多い国となっており、一人っ子政策をとらなければ約3億人は増加したと言われている。

スウェーデンでも人口政策はとられた。しかし、日本や中国の人口減少政策とは異なり、人口増大政策である。経済学者のミュルダール夫妻は、「消費の社会化」「大きな子ども部屋構想」というスローガンを唱え、子どもの出産・育児・教育などの費用を個々の家計から国家予算へ移すことで、社会全体で子どもを養育することを提案した。１９３０年代のスウェーデンでは、需要と供給に影響を及ぼす人口減少が大きな問題となっていたのである。第二次世界大戦後も、施設介護型の老人福祉施策に果敢に取り組み、**高福祉高負担**社会の成立に成功する。そのための費用は、消費税や所得税などを課すことにより、国民全体で負担していったのである。その後、スウェーデンの人口は増大を続け、1961年には約750万人であったものが、2016年には約1000万人に到達しつつある。

COLUMN 15

大学で何を学ぶのか

２０１５年５月、文部科学省から社会科学系学部の縮小を示唆された折、各方面から批判が寄せられたことは記憶に新しい。日本の将来を担う科学技術者が大切なのは理解するが、文科系の教養がなくては高度職業人とは言えない。運動選手に基礎体力が必要なように、職業人にも基礎としての教養が必要なことくらいは誰でもわかることである。有能な経営者でも、仕事の話ばかりではなく、歴史や音楽の話くらいできなくては、難しい交渉も成立しないだろう。それやこれやで、文部科学省の役人は、「意図することがうまく伝わらなかった」と、弁解に忙しそうであった。

では、われわれは大学で何を学ぶのか。昔の人は、大学に入ったものの、講義には出ずに一人で本ばかり読んでいたとか、クラブ活動だけで4年間を過ごしたとか、毎年、世界中を旅して回ったとか言って、自分があまり大学で勉強しなかったことを自慢する。大学では好きなことに熱中し、一生続く人間関係を構築することこそ、大学の役目であると豪語するのである。特に、体育会で頑張った人は、大学時代に培った体力がその後の人生を豊かにしてくれたことから、体力の涵養《かんよう》と人間関係の樹立こそが大学で学ぶべきことであると強調する傾向が強い。

しかし、筆者には、昔と今では時代が違うように感じる。世界中の企業がグローバルに競い合い、多くの企業に若い人を教育する余裕がない今、大学で体力を鍛えただけでは、社会で通用しないことは明白である。ただ定期試験に合格し、単位を揃えて卒業するだけでなく、パソコンのスキル、英語の運用能力、経済や会計の基礎知識などが必須の項目となっている。金融機関に就職する人は、さらに**ファイナンシャル・プランナー**の資格も要求されよう。それらを大学時代に習得しなければ、社会で即戦力として活躍することは難しい。

筆者は、学生諸君に次のように話したことがある。

「経済学部で習得すべきは『三つのE』である。最初のEは、もちろん、『Economics』のEである。経済学部では、ミクロ経済学、マクロ経済学、現代経済入門、経済史入門などの基礎科目から、財政学、金融論、経済学史など豊富な選択科目を取り揃えている。諸君は、近い将来、経済社会に打って出るわけだから、経済の知識がないと話にならないし、日本経済新聞が読めないようでは経済学部出身の学生とは言えない。経済学部の教育目標の一つは、経済学の基礎的・専門的な知識と幅広い教養を身につけ、社会の様々な分野で活躍できる人材を育成することにある。

2番目のEは、『English』のEである。筆者のゼミには、TOEICの得点が890点という学生もいることから、一部に英語がよくできる学生はいるのであるが、他の多くの学生はあまり英語ができない。経済学部では、経済英語、時事英語、ビジネス英語、外書購読などの英語科目をたくさん揃えている。経済学部の教育目標のもう一つは、国境を越えて展開する経済活動がますます重要になっている今、豊かな国際性を備えた人材を育成していくことにある。

3番目のEは、『E-learning』のEである。これからの経済社会では、パソコンができない人は雇ってもらえない。なぜなら、ワープロで文書を作成したり、表計算ソフトで統計データを分析したり、パワーポイントを使ってプレゼンをすることは当たり前だからである。経済学部では、データ処理入門、経済統計入門等でデータの扱い方を丁寧に教えている。筆者のゼミでも、学生は皆パソコンを上手に操り、他大学との討論会では、立派なプレゼン用のパワーポイントをつくっている。

具体例として就職活動を考えてみると、まずパソコンを使って企業のウェブページにアクセスし、採用担当者に自分の能力をアピールする。その際に、自己紹介や企業が出している課題に答えるための文章作成能力が必要となる。それがクリアできたら、採用担当者との面接での受け答えや自己アピールができるプレゼン能力が試される。採用担当者が最終的に何を評価するかと言えば、熱意、説得力、協調性、体力である。諸君は、それらの涵養と同時に、『三つのE』をマスターしてから、社会に出てほしい」

大学で何を学ぶのか。大学が大衆化した今、学生が大学時代に身につけるべき知識や教養は、格段に高まっている。現代の経済社会は、ゆったりと学生時代を過ごすことを許さない、世知辛い時代になっているのである。それにもかかわらず、スマートフォン（スマホ）で時間つぶしをしている学生が多いのはどうしてか。経済学部の学生ならば、大学進学の**機会費用**が高いことは十分に知っているはずである。

スマホとコンビニのない世界で、たくましく育ってほしいと願う筆者は、たくさんの課題を課すことで学生に書物の中にある情報の多彩さに気づかせたい、と日々悪戦苦闘している。

COLUMN 16

月は生チーズでできている？

イギリスの詩人兼劇作家であったジョン・ヘイウッドという人のことわざ集に、「月は生チーズでできている」（The moon is made of green cheese.）というフレーズがある。彼は、決して月が生チーズでできていることを信じていたわけではないが、あまりにも馬鹿げていることを優雅に言い換えたもののようだ。そう言えば、満月などを見てみると、それが丸いチーズのように見えるため、月は生チーズからできていると思わないこともない。

さて、ケインズの『一般理論』第17章「利子と貨幣の本質的特性」の中に、次のような一節がある。

「たとえて言えば、失業が深刻になるのは、人々が月を欲するからである。欲望の対象（貨幣）が生産されず、またその需要が容易にはなくならない場合、人々が働くことはできない。大衆に、月が生チーズと同じであることを説得し、生チーズ工場（中央銀行）を国家管理の下に置く以外に、救済策はない。興味深いことに、金《きん》が価値標準に適したものと伝統的に見なされてきた特性、すなわちその供給の非弾力性こそが、実は災いの根底にある特性に他ならなかったのである」

「ダマされやすいお人好しは、信じがたいナンセンスをも言い含められて信じてしまうが、この表現はそのナンセンスの一例として使われた」とは、ケインズ『一般理論』の訳者である故・

塩野谷祐一氏の解説である。彼は、「ケインズはその言い習わしを逆用して、月と生チーズとは同じものだから、月を欲する代わりに生チーズを欲するように、人々を説得すれば良い」と述べている。

貨幣は、供給が制限されている一方で、何かのときに必要なために人々の需要はなくならない。特に、不況といった局面では、人々の貨幣に対する選好はますます強まる。そうすると、経済全体の需要は減少し、結果としてわれわれは失業してしまう。これは、「貯蓄のパラドックス」と呼ばれ、多くの人に知られている現象である。われわれの貨幣保有には、失業者を増加させてもなお、多くの魅力があるということであろうか。

ケインズは、少し馬鹿げているかもしれないが、「月は生チーズでできている」と言って人々を説得し、貨幣を国の管理下に置き、チーズ工場のようにどんどん量産したほうが失業の解消に有効であるし、貨幣を量産しなければ失業は決して解消できないと言いたかったのだろう。

それはそうかもしれない。ところが、中央銀行が貨幣を量産したとしても、人々がそれを使わなければ意味がない。人々の月への欲望が、貨幣の「流動性」という抽象的な欲望だとすると、貨幣のようには使われないこともあり得る（**流動性の罠**）。この場合は、決して雇用は改善しない。

ケインズの比喩には、イギリスの古いことわざやギリシャ神話などを知らなければ理解できないことが多く、筆者を含めて多くの研究者を悩ませ続けている。

第8章

日本の非正規雇用労働

日本の失業者と失業率

総務省統計局の出している労働力調査によると、２０１５年10～12月の平均の完全失業者数は２０７万人ということであり、前年同月比で13万人減少したようである。完全失業者とは、15歳以上の男女で、働く意志と能力がありながら職にありつけない人を指す。その条件とは、①月末の一週間に収入を伴う職がない、②この期間にハローワークを利用するか知人などを頼って求職活動をした結果を待つ、③仕事が見つかればすぐに就職できる状態にある、といった条件が満たされていることを言う。

完全失業率はどうかと言うと、季節調整値で３・３％ということであった。この値は、２０１３年で３・９％、２０１４年で３・６％なので、毎年改善されているように見える。しかし、実際の完全失業率は、少子高齢化が喧伝され、労働力不足が懸念されている今でも、相当数の人間が求職活動さえして

日本の完全失業率

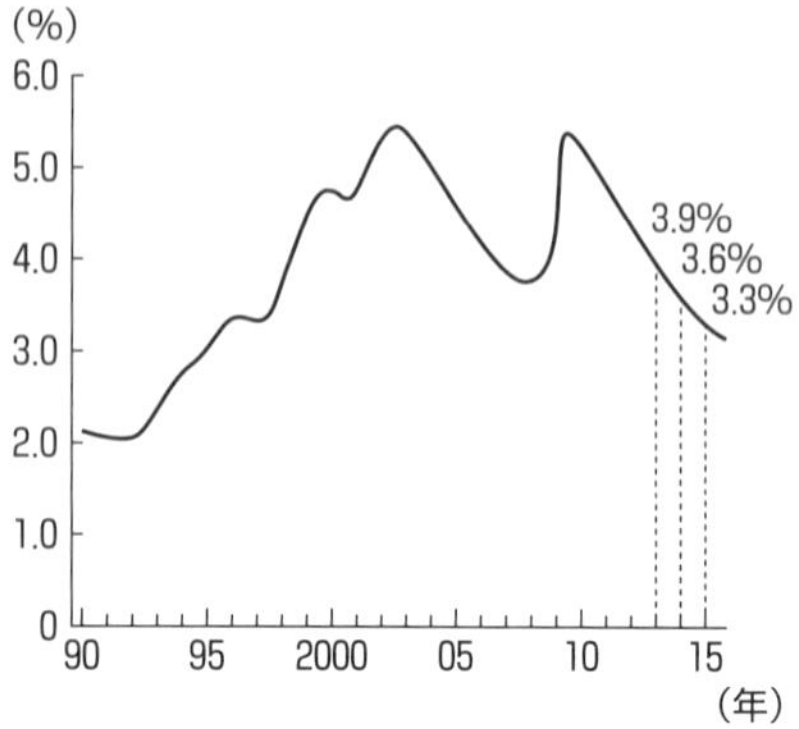

出所：総務省統計局

正規雇用と非正規雇用労働者の推移

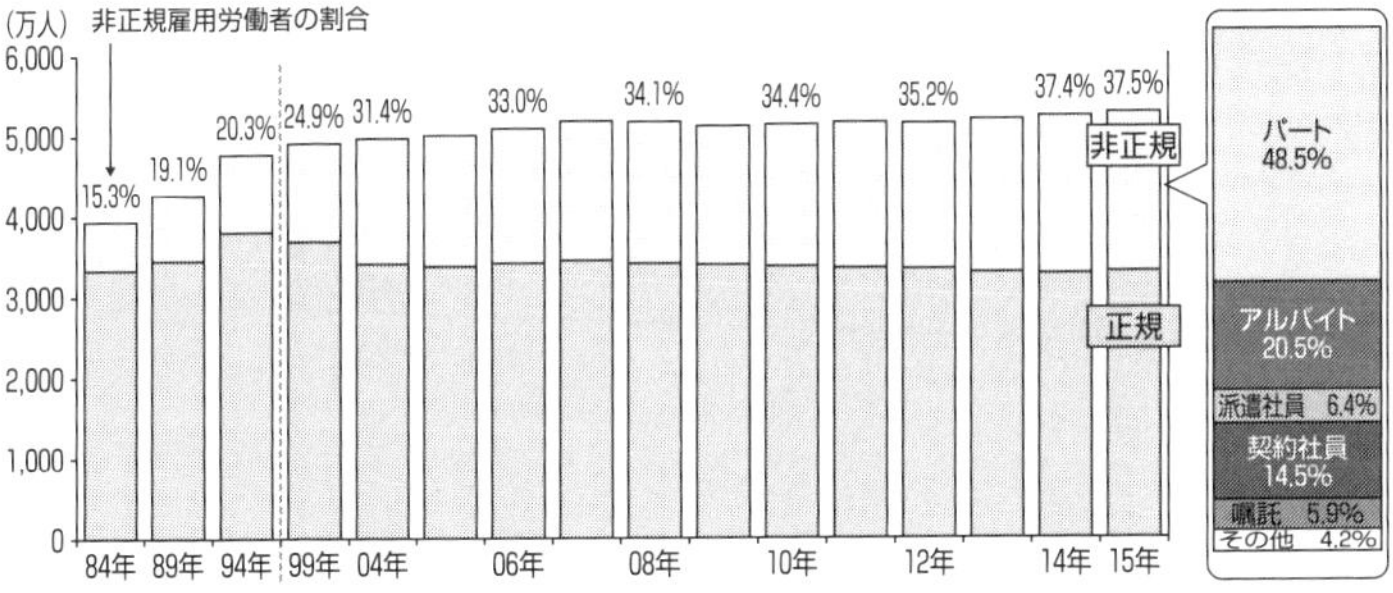

出所：総務省（厚生労働省「『非正規雇用』の現状と課題」）

いない遊休資源となっている可能性があるので、公表されている数字よりも悪いのではないかと考えられる。また経済学では、**自発的失業**や**摩擦的失業**の存在を認めているので、日本の３～４％といった失業率は完全雇用であると見なされるが、今一歩の改善を望みたい。福祉国家の父と呼ばれるイギリスのウィリアム・ベヴァリッジも、３％の失業率ならば完全雇用であると認めていることは指摘しておきたい。

　ところで、２０１５年度の雇用者数は５６９４万人ということである。ここでは、正規雇用労働者とアルバイトなどの非正規雇用労働者の比率が重要である。それを見ると、役員を除く雇用労働者５２８４万人のうち、前者は３３０４万人であり、後者は１９８０万人となっている。比率では、正規雇用労働者が62・5％で、非正規雇用労働者が37・5％である。日本の雇用は、安倍政権になってからかなり改善したと言われているが、この数字を見る限りでは、労働賃金の安い非正規雇用労働者の比率が増大していることから、日本の雇用問題は継続していると考えざるを得ない。次に、問題となっている非正規雇用労働を検討してみたい。

日本の非正規雇用労働の問題点とは何か

日本の企業は、バブル崩壊後、雇用・設備・負債の過剰という「**三つの過剰**」を経験した。その処理がやっと終わったと思ったら、2008年にリーマン・ショックが発生し、再び大きな困難に直面する。各企業は、生き残るためにコスト削減が至上命題となり、リストラと称して正規社員の削減と非正規雇用労働者の拡大を進めた。非正規雇用労働者は、安価な労働力と雇用の調整弁の役割を持たされたのである。非正規雇用労働者の比率は、1999年に25%、2003年に30%、2011年に35%と増え続け、その流れは安倍政権が誕生しても変わらず、2016年には約40%に拡大するようである。

このように非正規労働が増えた要因として、①人件費の削減、②**労働者派遣法**の改正、③雇用の調整弁、④正規社員の解雇規制、⑤非正規雇用労働の社会保険非適用、⑥自営業者や定年退職者の受け皿などが挙げられる。もちろん、第二次世界大戦後、サービス産業での需要が増大し、女性のパートタイム労働が拡大したことも大きい。総務省の労働力調査を見れば、現在

非正規雇用労働者の推移（年齢別）

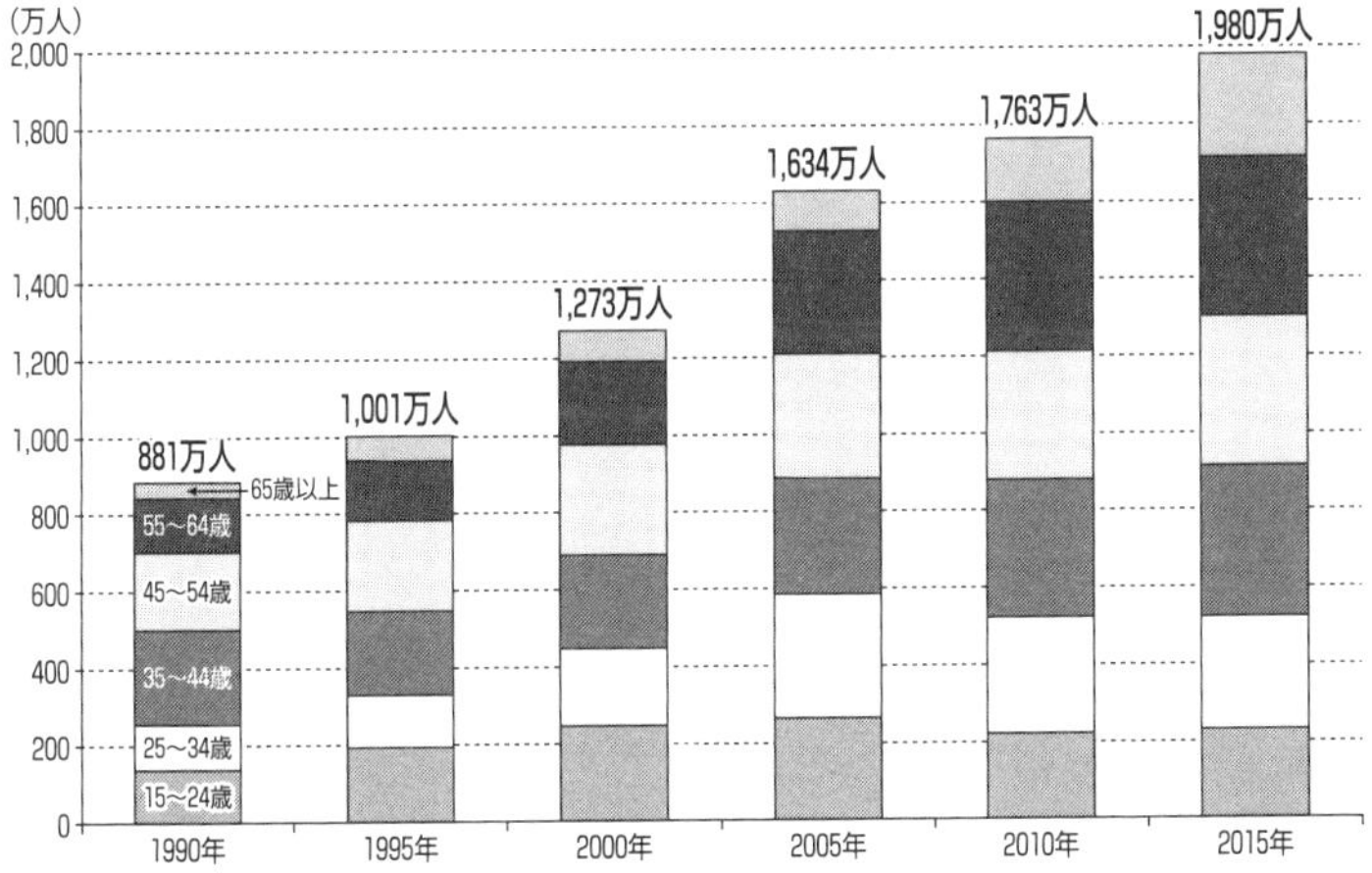

出所：総務省（厚生労働省「『非正規雇用』の現状と課題」）

正規雇用と非正規雇用労働者の平均賃金（時給ベース）

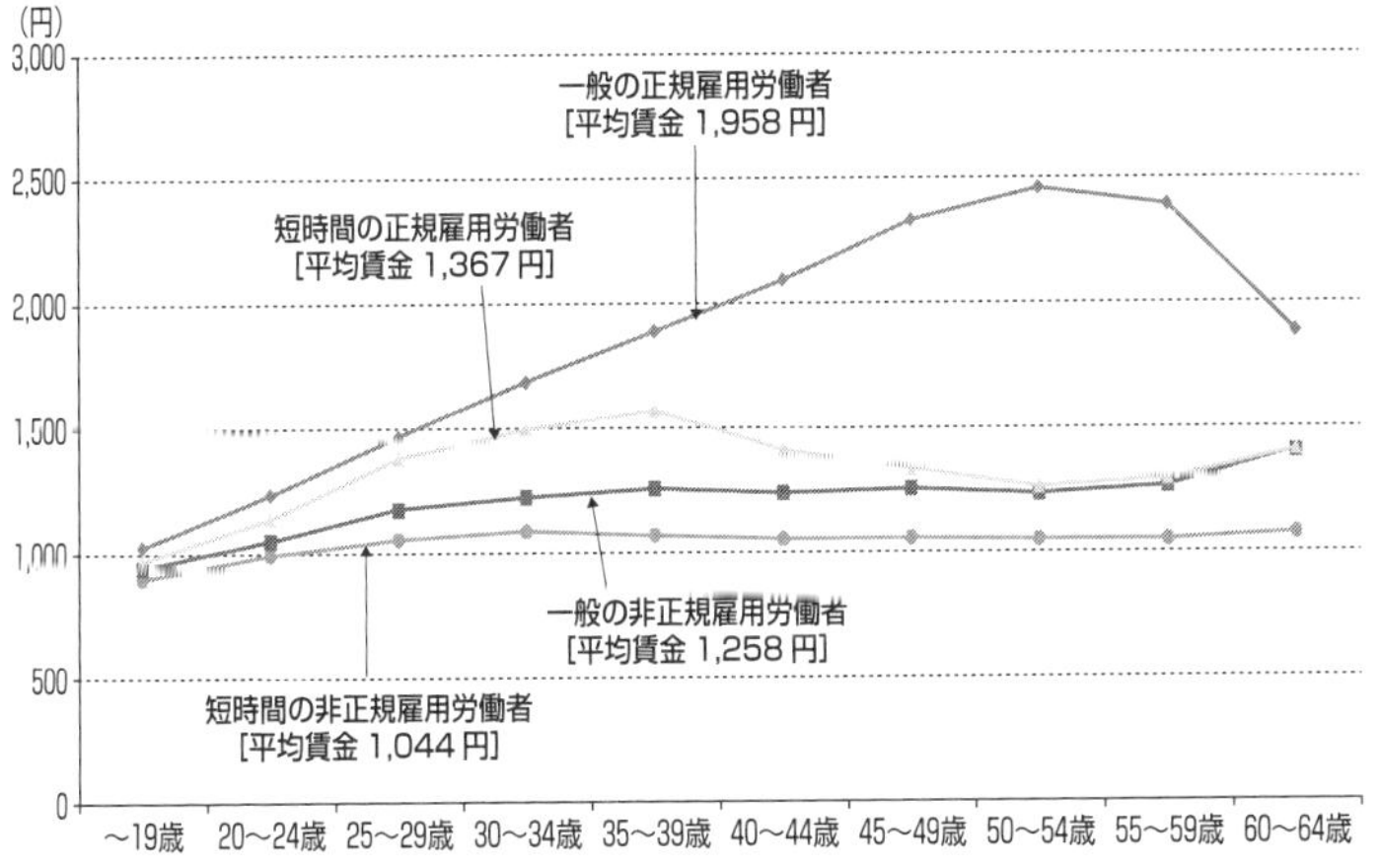

出所：厚生労働省「『非正規雇用』の現状と課題」

でもパートタイム労働者は、非正規雇用労働者の約50％を占め、アルバイト（約20％）と並んで大きな比率となっている。最近の特徴として、65歳で定年を迎えた人が、契約社員や嘱託《しょくたく》職員として働くことが増えており、約10％を超える数字となっている。

非正規雇用の問題点としては、よく言われるように、①雇用の不安定さ、②賃金の低さ、③**セーフティネット**の不十分さ、④教育訓練の乏しさなどが挙げられる。雇用の不安定さとしては、雇用契約期間の短さや、景気悪化による雇用削減の調整弁となっていることが問題である。賃金の低さでは、労働時間の種類にもよるが、正規社員の約60％というケースが多い。例えば、2015年では一般の正規社員の平均賃金（時給）が1958円であるのに対し、一般の非正規雇用労働者は1258円となっている。セーフティネットの不十分さでは、社会保険に加入していない非正規雇用労働者が圧倒的に多く、**厚生年金**に未加入の者は約半数に上る。もちろん、ほとんどの企業で退職金を払うことはない。「教育訓練の乏しさ」という面でも、約半数の企業が非正規雇用労働者に訓練を施していない。

筆者が問題にしたいのは、女性のパートタイム労働や65歳

不本意な非正規雇用労働者の状況（2015年平均）

	人数（万人）	割合（％）
全体	315	16.9
15〜24歳	28	12.8
25〜34歳	71	26.5
35〜44歳	67	17.9
45〜54歳	62	16.9
55〜64歳	64	16.6
65歳以上	22	8.8

出所：総務省（厚生労働省「『非正規雇用』の現状と課題」）

以上の高齢者の雇用延長ではなく、これからの日本を担っていかなければならない若者の雇用である。正規社員として働く機会がなく、非正規雇用を不本意ながら続けている労働者が約315万人おり、その中でも25歳から34歳までの若者が約70万人で、率にすると約25％である。彼らには、何としてでも正規雇用の道を開いてやらなければならない。いくつかの企業では、非正規雇用労働者を正規社員として採用した例が報告されているが、まだ一部にとどまっている。日本の労働組合も、組合員の雇用を守ることだけに汲々《きゅうきゅう》とするのではなく、非正規雇用労働者の処遇改善を目指して活動しなければならない。

オランダの非正規雇用対策

ヨーロッパでは、かなり前から、フルタイム労働者とパートタイム労働者の待遇は等しい。いわゆる「同一労

オランダの経済成長率の推移

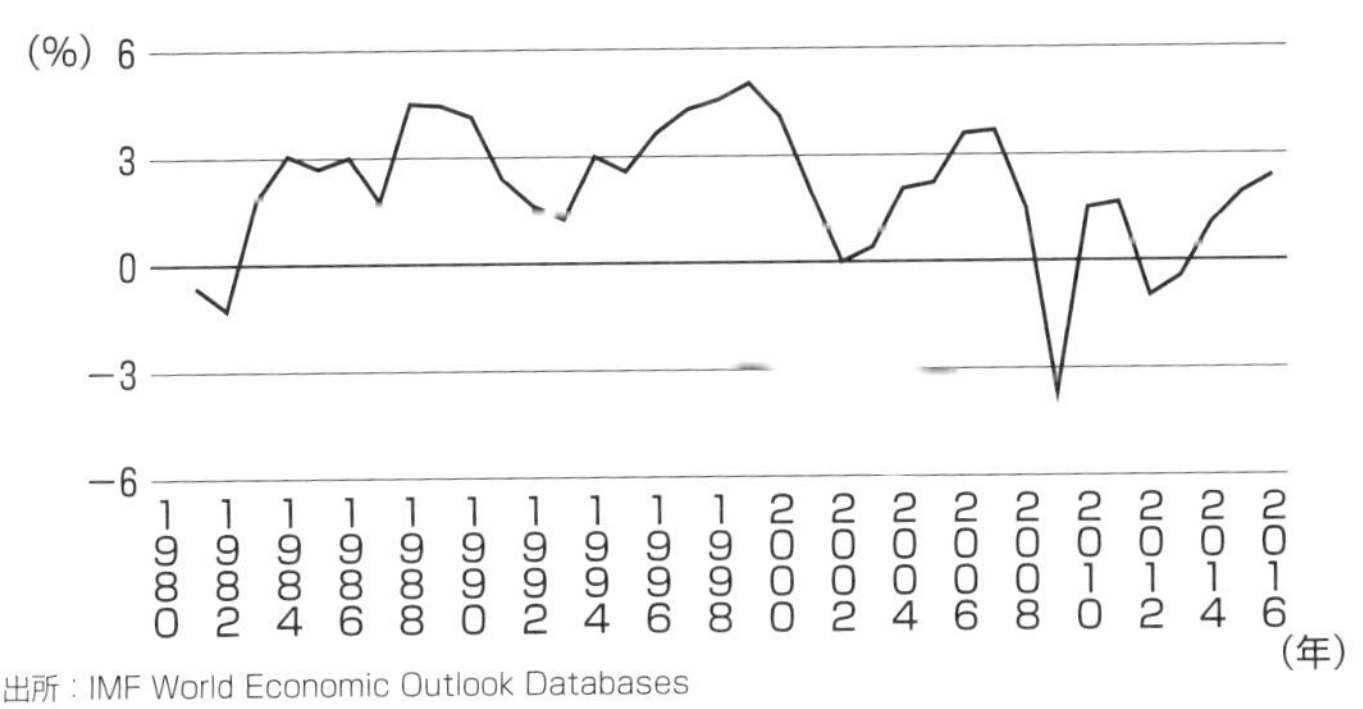

出所：IMF World Economic Outlook Databases

働同一賃金」（equal pay for equal work）という原則である。同じ労働には同じ賃金が支払われるべきであり、その最先端を走っているのが、オランダなどのヨーロッパ諸国である。オランダでは、パートタイム労働者でも正規社員として契約しており、規定された一日や一週間の労働時間より短い就労時間で合意して仕事をしている。彼らは労働者の50％を占めており、女性に限るなら75％がパートタイム労働者として働いている。もちろん彼らは、賃金や社会保障の面で不利な待遇となってはおらず、雇用の安定も図られている。

オランダでは、このような試みがなぜ成功したのであろうか。第二次オイルショックの発生した1979年、オランダでもインフレと不況が同時に起こる「スタグフレーション」に見舞われた。労働者の賃金は高止まりし、業績も悪化の道を辿ったことから、企業はコスト削減に大量の労働者を解雇する。そのために、1980年代前半には失業率が14％に達し、経済成長はマイナスに沈んだ。いわゆる、**オランダ病**の始まりである。この未曾有の危機に対して、1982年に労使が協調して、正規雇用労働者の賃金カットと**ワークシェアリング**、パートタイム雇用の促進、若年失業者の減少に合意する（ワッセナー合意）。ここから、オランダの奇跡が始まるのである。その結果、経済成長はプラスに転換するだけでなく拡大を続け、失業率も3％を切ることとなった。

このオランダの事例からわかることは、経営者と労働組合の決断の大切さであり、政府の非正規雇用労働を解消しようとする熱い思いである。オランダ政府は、労使の交渉を実現するために、重要な法改正を矢継ぎ早に行なった。非正規雇用労働者に失業給付金を与え、さらに正規雇用労働者と同じ賃金、残業手当、賞与、職業訓練など様々な権利を付与した。最終的には、フレキシブルな働き方・労働時間を提供することにも成功する。このようなことが相俟って、オランダは非正規雇用労働者のいない、世界で最も進んだパートタイム労働者の国となったのである。

非自発的失業

先ほど、自発的失業と摩擦的失業に触れた。前者は、より良い条件を求めて自らが失業を選択していることを指し、後者は求職者と企業との間で情報や労働移動の不完全性のために発生する失業である。完全失業率が3～5%ならば、それは自発的失業と摩擦的失業の範囲にあるとして、完全雇用と考えてもよいかもしれない。しかし、ケインズが主張しているように、働く能力があり、現行の賃金で働く意思があるのに、就業機会が失われている**非自発的失業**(involuntary unemployment)が問題である。ケインズの定義は、「賃金財の価格が名目賃金に比べて少し上がったときに、現行の名目賃金で働きたい労働者の総供給とそれに対する総需要が、既存の雇用量よりも高くなる場合に、人は非自発的に失業している」『(一般理論』第2章)であ

ケインズの自発的失業

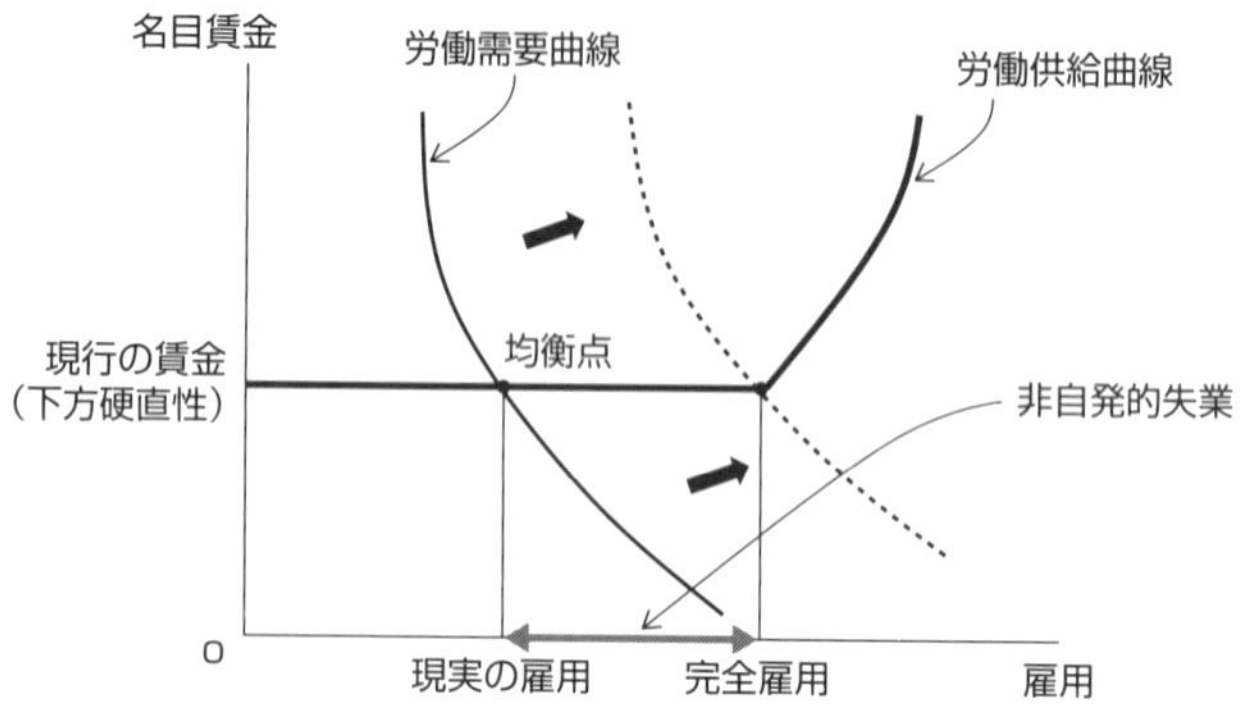

る。

非自発的失業をもっとよく理解するために、本書の第3章の「マクロ経済学のおもしろさ」で行なった分析を振り返ってみよう。ケインズによると、雇用は有効需要によって決まる。ここで、有効需要とは購買力の裏づけを持った需要のことである。それでは、有効需要は何によって決まるのか。それは、一つにはわれわれが日ごろ消費している商品やサービスへの消費需要で、食料品、衣料品、家電製品、住宅、自動車、パソコン、書物、楽器、スマートフォンなどの消費を指す。もう一つは投資需要で、企業が生産活動のために必要とする工場、オフィス、機械設備、原材料などの投資を指す。

ここで、投資の大きさを決める要因は、企業家の予想利潤率である「資本の限界効率」と流動性選好説により決定される「利子率」である。貨幣市場では、流動性選好と貨幣供給から利子率が決まり、生産物市場ではその利子率と資本の限界効率から投資の規模が決まる。また、消費の大きさを決める要因は国民所得にあり、限界消費性向は0と1の間にある。このような投資需要と消費需要により有効需要が決まり、それに等しい大きさの生産が行なわれ、その生産に必要な人数だけ労働者が雇用される。ケインズ理論では、このようにして国民所得が決まるのである。

しかし、ケインズによると、有効需要の原理によって決まった均衡国民所得は、必ずしも働きたい人が働き得る完全雇用の国民所得水準ではない。残念ながら、働く能力がありながら、働きたくても働けない非自発的失業が発生しており、失業者を含んだ均衡なのである。そのような非自発的失業を解消するために、ケインズは様々な政策パッケージを提供する。それが「ケインズ政策」と呼ばれるもので、利子率を下げる金融緩和政策と減税や公共投資を行なう財政政策などが挙げられる。さらに、**累進課税制度**を用いた所得の再分配政策もケインズにより提案されている。これは、富者《ふしゃ》（金持ち）の所得を税金として徴収して貧者《ひんじゃ》（貧しい人）に配分することで、消費の拡大を通じたデフレ解消を目的としている。通常、富者の限界消費性向は低く、貧者のそれは高いと想定されていることが、彼の考えの根底にある。富者の貯蓄が消費へ向かわないことが、不況の大きな原因となっているからである。

内生的成長理論

本章の最後に、雇用に関した成長理論を見ておこう。それは、**内生的成長理論**と言う。労働者のスキルアップにより、人的資本が強化され、それが経済成長に結びつくという考え方は、当たり前と言えば当たり前である。今までは、1単位の労働しかしていないものが、あるときから2単位の仕事をこなすようになれば、労働の生産効率が2倍に上がる。日本のように、これから人口が減少していき、労働人口がタイトになる国でも、労働者の人的資本を格段に上昇させることで、今よりも高い経済成長をもたらすことができる。若者に対する教育や訓練によって、彼らが身につけた技術や知識は、追加的な投資をしなくても社会全体で共有されるために、これらを利用すれば生産が増大することになる。

経済成長理論に関して、これまでの**新古典派成長理論**では、技術進歩を外生的にしか取り扱わなかったが、この理論ではそれらを内生的に導入することで、教育や訓練といった技術進歩が経済成長を加速させることを計量的に検証したのである。具体的には、「$\Delta A = \delta \cdot H1 \cdot A$」という式で表わされる。ここで、ΔAは知識や情報の増分、δは生産性パラメータ、H1は研究開発に使う人的資本、Aは蓄積した知識や情報量である。要するに、労働者が身につける知識の増分は、社会の中に蓄積した知識や情報量に依存しており、社会で共有することが可能なのである。この考え方は、アダム・スミスの分業論を思い起こさせる。すなわち、スミスは次のように述べている。

「彼らは大変貧しくて、必要な機械類も不十分にしか用意されていなかった。それでも精出して働けば、1日に約12ポンドのピンを全員でつくることができた。1ポンドのピンと言えば、中型のもので4000本以上になる。してみると、これらの10人は、1日に4万8000本以上のピンを自分たちで製造できたわけである。つまり各人は、4万8000本のピンの10分の1をつくるとして、1人あたり1日4800本のピンをつくるものと見てさしつかえない。だが、もし彼ら全員がそれぞれ別々に働き、また誰も、この特別の仕事のための訓練を受けていなかったならば、彼らは1人あたり1日に20本のピンどころか、1本のピンさえつくることはできなかったであろう」（『国富論』第1篇第1章）

人的資本の高度化が大事なのは、昔も今も変わらない。教育や訓練による人的投資が経済成長につながり、将来の日本を支える基盤となる。

COLUMN 17

派生需要と住宅・自動車産業

派生需要とは、生産要素（労働・資本・土地・原材料）の需要は、最終生産物に対する需要によって派生されるという考え方のことを言う。生産要素は、それ自体の有用性によって需要されるのではなく、生産物の生産に役立つから需要される。だから、われわれの労働も、それがいかに優れたものであろうと、商品やサービスが売れない限り需要不足に陥る。経済社会では、雇用量は経済全体での商品やサービスの「生産量」で決まり、労働力は生産活動に必要な分だけしか雇用されない。

だから、ケインズはデフレ解消政策を強く主張したのである。彼の考えでは、物価上昇をもたらすインフレは、個人や階級に不公正であり、特に金利生活者にとって不公正である。なぜなら、物価上昇によって貨幣価値が下がることで、貯蓄主体に不利となるからである。しかし、物価下落をもたらすデフレは、生産の削減を余儀なくされるために、労働者の雇用が犠牲になる。デフレ時には、企業は商品やサービスが売れないために生産を縮小せざるを得ず、雇用は必要なくなる。労働者に不利なデフレは、人間の尊厳に関わることであるから、何が何でも解消しなければならない。

話は変わるが、アメリカ人の大多数は、ローンを組んで住宅や自動車を購入する。信用に対する家計のアクセスが、きわめて容易なのである。しかし、金融危機のために審査などが厳しくなり、多くの人はローンを組むことができず、住宅・自動車産業の売り上げが激減した。

住宅や自動車関連の産業は、裾野が広いことで有名である。鉄鋼、ガラス、木材、家具、電化製品、セメント、室内装飾、タイヤ、製品を組み立てる工作機械、完成した資材や自動車の輸送など、関連するメーカーのすべてが打撃を受ける。そのために、世界の景気はものすごい勢いで下降線を辿った。

現在、われわれが住んでいる世界は、グローバルな市場経済であり、世界中が網の目のようにつながっている。だから、アメリカでの出来事は、日本をはじめ全世界に瞬く間に波及する。リーマン・ショック当時の新聞を見ると、売り上げが前年比で50％ダウンといった記事を見かけない日はなく、製造業をサポートする工作機械メーカーにいたっては、前年比で80％以上も減少した。ＦＲＢのアラン・グリーンスパン議長が言及し、マスメディアが好んで使っていた「１００年に一度の経済危機」という表現も、決して大袈裟ではなかったのである。

しかし、リーマン・ショックから7年が経過し、自動車産業と住宅産業は復活したように見える。２０１５年に、トヨタとＧＭは過去最高の利益をたたき出し、住宅産業の売り上げも拡大している。トヨタは、**ハイブリッド車**の「プリウス」などを世界中に販売するだけでなく「ミライ」という名の水素で走る**燃料電池車**をつくることで、世界の自動車産業をリードしている。また、ＧＭはキャデラックとシボレーの新型車を発表し、大きくシェアを伸ばしている。今後も、世界の景気や雇用を守るのは、裾野の広い自動車と住宅の産業ではないだろうか。

もちろん、自動運転・自動制御装置やカーナビ技術などの**ＩoＴ**（モノのインターネット）も進展している。われわれは、雇用が派生需要であることを認識し、雇用を守るためにもそれらの産業を大事にしていく必要がある。

COLUMN 18

ケインズとアインシュタイン

ケインズは、数学の得意な経済学者でありながら、文章においても他の追随を許さない達人であった。彼の仲間であるブルームズベリーの人たち、すなわちヴァージニア・ウルフやリットン・ストレイチーなどの作家たちも等しく認める名文家だったのである。詩人のトマス・スターンズ・エリオットも、ケインズが文学や古典などの書物を絶えず読み、自分の文章を厳しく鍛えていたと証言している。ケインズの人物伝がおもしろいのもそのはずである。

ケインズの人物伝の中でも、特に経済学者のマルサスやジェヴォンズ、それにマーシャルのものは、素晴らしいという表現では言い尽くせないほど素晴らしい。しかし、経済学者以外でも、第一次世界大戦のヴェルサイユ条約締結のときに、共に苦労を味わったドイツ人のメルヒオルや死後朗読されたニュートンの伝記は、ケインズの熱い思いがよくわかる名文となっている。特に、ドイツ人でありながら、誠実さにおいても卓越していたメルヒオルのものは、読む者を感動させる名作である。ケインズが死後発表してほしいと頼んだ二作（「敗れた敵、メルヒオル博士」「若き日の信条」）のうちの一つだけのことはある。

ケインズは、あの天才物理学者であったアルベルト・アインシュタインについても、寸描《すんびょう》をしたためている。彼は1926年にドイツのベルリン大学を訪れ、「自由放任の終わり」と題する講演を終えた後の晩餐会でアインシュタインと会った。そのとき、ケインズは、彼のことを「シェイクスピアの額《ひたい》をしたチャーリー・チャップリンというのが、アインシュタインの最良の描写である。チャーリーの精神とお茶目な流し目とはまったく同じである」や、「アインシュタインは、いたずらっ子である。彼は、インキまみれになって、世間の人に尻を蹴飛ばされてはしかめ面をするいたずらなユダヤの少年で、純真でよく笑う可愛い小鬼である」と、表現している。

アルベルト・アインシュタイン

アインシュタインは、**「一般相対性理論」**など数々の発明・発見により、現代物理学の父と呼ばれ、1921年には「光量子仮説に基づく光電効果の理論的解明」によりノーベル物理学賞を受賞する。受賞の報は、日本を訪れる船の上で聞いたらしく、日本人の歓待ぶりはまさに凱旋記念のようであったと言われる。彼は、1922年11月17日から12月29日まで日本に滞在し、東京や大阪など8都市で講演会を開いた。これらの講演会には、想像を超える人たちが集まり、異常な人気を博したらしい。送別会でアインシュタインは、これまでに受けた歓待への返礼として、得意のヴァイオリン演奏を披露する。彼は、ヴァイオリン演奏の上手な天才物理学者だったのである。

　その彼を、「チャーリー・チャップリン」と形容することにケインズの観察眼が光る。アインシュタインは、ケインズによると、日本での

VIP待遇とは異なり、ドイツではスターとして扱われなかったらしい。彼はユダヤ人であった。1931年以降、アインシュタインは、ユダヤ人ゆえに「独裁者」であるヒトラーからの迫害を恐れて、ドイツに戻ることはなかった。

ケインズは、そのようなユダヤ人亡命者に対する救援活動において、最も積極的な人物の一人として有名であった。ヴェルサイユ条約締結のときに、ドイツ人で唯一信頼をおいた親愛なメルヒオル博士もユダヤ人だったからである。

「晩餐会の後、私は昔なじみの経済学者たちと話をした。しかし、彼は立ち去る前に、『とても素晴らしく立派でした』と、私のスピーチに対する賛辞を、好意的な顔をして伝えた。実のところ、私たちはすでに、多少軽口をたたく仲となっていた。アインシュタインは、ベルリンで会った中で、最も品がよく才能の豊かな人物であった」、とはケインズの言である。

1916年、一般相対性理論を発表し、重力波の存在を予言したアインシュタイン。100年の後、2015年9月14日、その重力波が観測される。二つのブラックホールが合体した際に、重力波という時空のさざ波が発生した。科学者たちは、重力波の音を聞いて感嘆の声をあげ、アインシュタインの予言に感謝したのである。

COLUMN 19

若者に最先端の技術を

若い人たちが、正規雇用の職を得られず、やむなく非正規雇用労働者として働いている姿は、日本の将来を暗いものにしている。彼ら若者は、しっかりと働き、その給料で家を買い、素敵な相手を見つけて結婚する必要がある。そうして、次代を担う子どもたちを育てなければならないのである。それができない時代にした筆者たち大人にも、大きな責任があると言わなければならない。

非正規雇用労働では、あまりに給料が安く自立できない。労働生産性を上げる技術の習得もままならず、まともな職にありつくことができない。2008年9月15日、**サブプライム・ローン**で多額の損失を出したリーマン・ブラザーズ（当時、アメリカ第四位の投資銀行・証券会社）が経営破綻した。これが引き金となり、アメリカ発の金融危機は、あっという間に世界の金融市場に広まる。現在の日本経済には、そのリーマン・ショックが今でも尾を引いているのである。なぜなら、それからの日本の企業は、ケインズの言う**アニマルスピリット**（animal spirit；血気・野心）はおろか、石橋を叩いて渡るばかりで、低賃金の非正規雇用労働でコスト削減ばかりを考えているからである。

日本の将来を担うのは、彼ら若者である。彼らに正規雇用の職を与え、技術を習得させなければ、日本の未来はない。若者は、最先端の技術を使いこなし、これからの社会のニーズを先取りする人材になる必要がある。それには、ICT、**人工知能**、ロボット工学、**フィンテック**

などの知識が必要とされよう。これまでのやり方を変え、スマート農業・スマート住宅・スマートシティなどに移行することを考えなければならない。彼らがこれからの日本を担う大切な人的資源であることを考慮するならば、そのような職業訓練を授ける必要がある。日本政府は、若者に最先端の技術を与えるべく、早急に立ち上がってほしい。

自由主義の経済思想―』ミネルヴァ書房，1986年.
[92] 橋本努編『現代の経済思想』勁草書房，2014年.
[93] 花井敏『キーワードを知れば経済がわかる』日本経済評論社，2015年.
[94] 平井俊顕『ケインズ・100の名言』東洋経済新報社，2007年.
[95] 藤田菜々子『ミュルダールの経済学―福祉国家から福祉世界へ―』エヌ・ティ・ティ出版，2010年.
[96] 松永俊男『ダーウィンの時代―科学と宗教―』名古屋大学出版会，1996年.
[97] 松原隆一郎『経済学の名著30』筑摩書房，2009年.
[98] 丸山徹『アダム・スミス『国富論』を読む』岩波書店，2011年.
[99] 森茂也『大学でどう学ぶか―新入生へのガイダンス―』同信社，1984年.
[100] 森茂也『新講経済学』改訂版，同文舘出版，1987年.
[101] 與那覇潤『日本人はなぜ存在するか』集英社インターナショナル，2013年.
[102] 若田部昌澄『経済学者たちの闘い―脱デフレをめぐる論争の歴史―』増補版，東洋経済新報社，2013年.

※付録「学びなおしのための経済学キーワード集」と参考文献（211～245頁）については、後ろの頁からご覧ください。

[71] 橘木俊詔『女女格差』東洋経済新報社，2008年.
[72] 橘木俊詔『いま、働くということ』ミネルヴァ書房，2011年.
[73] 橘木俊詔『課題解明の経済学史』朝日新聞出版，2011年.
[74] 田中修『世界を読み解く経済思想の授業』日本実業出版社，2015年.
[75] 千葉雅也『動きすぎてはいけない―ジル・ドゥルーズと生成変化の哲学―』河出書房新社，2013年.
[76] 柘植尚則『プレップ経済倫理学』弘文堂，2014年.
[77] 堂目卓生『アダム・スミス―『道徳感情論』と『国富論』の世界―』中央公論新社，2008年.
[78] 中島隆信『これも経済学だ！』筑摩書房，2006年.
[79] 中矢俊博『ケンブリッジ経済学研究―マルサス・ケインズ・スラッファ―』同文舘出版，1997年.
[80] 中矢俊博『経済教育の大切さ』近代文芸社，1999年.
[81] 中矢俊博『ケインズとケンブリッジ芸術劇場―リディアとブルームズベリー・グループ―』同文舘出版，2008年.
[82] 中矢俊博『入門書を読む前の経済学入門』第三版，同文舘出版，2011年.
[83] 中矢俊博『やさしい経済学史』日本経済評論社，2012年.
[84] 中矢俊博『天才経済学者たちの闘いの歴史』同文舘出版，2014年.
[85] 那須正彦『実務家ケインズ―ケインズ経済学形成の背景 ―』中央公論新社，1995年.
[86] 那須正彦『ケインズ研究遍歴』増補第二版，中央公論事業出版，2015年.
[87] 西野武彦『ケインズと株式投資』日本経済新聞出版社，2015年.
[88] 日本イギリス哲学会編『イギリス哲学・思想事典』研究社，2007年.
[89] 野口旭『世界は危機を克服する―ケインズ主義2.0―』東洋経済新報社，2015年.
[90] 野尻武敏『第三の道―経済社会体制の方位―』晃洋書房，1997年.
[91] F.A.ハイエク著，田中真晴・田中秀夫編訳『市場・知識・自由―

作品社，2014年.
［55］小島寛之『使える！　経済学の考え方―みんなをより幸せにするための論理―』筑摩書房，2009年.
［56］小杉礼子・宮本みち子編著『下層化する女性たち―労働と家庭からの排除と貧困―』勁草書房，2015年.
［57］小谷野俊夫訳『学び直しケインズ経済学』一灯舎，2015年.
［58］齊藤誠『父が息子に語るマクロ経済学』勁草書房，2014年.
［59］佐伯啓思『反・幸福論』新潮社，2012年.
［60］桜井邦朋・嶋中雄二編著『太陽が変わる　景気が動く―経済学と自然科学の間―』同友館，1989年.
［61］佐藤光・中澤信彦『保守的自由主義の可能性―知性史からのアプローチ―』ナカニシヤ出版，2015年.
［62］嶋中雄二『これからの日本は4つの景気循環がすべて重なる。：ゴールデン・サイクルⅡ』東洋経済新報社，2013年.
［63］ジョン・プレン『マルサスを語る』（溝川喜一・橋本比登志編訳），ミネルヴァ書房，1994年.
［64］新村出編『広辞苑』第六版，岩波書店，2008年.
［65］菅原晃『高校生からわかるマクロ・ミクロ経済学』河出書房新社，2013年.
［66］武石恵美子編著『国際比較の視点から日本のワーク・ライフバランスを考える―働き方改革の実現と政策課題―』ミネルヴァ書房，2012年.
［67］竹中平蔵『闘う経済学―未来をつくる「公共政策論」入門―』集英社インターナショナル，2008年.
［68］竹中平蔵『竹中教授の14歳からの経済学』東京書籍，2009年.
［69］竹信三恵子『ピケティ入門―『21世紀の資本』の読み方―』金曜日，2014年.
［70］橘木俊詔『日本の経済格差―所得と資産から考える―』岩波書店，1998年.

のカウントダウン―人口大爆発とわれわれの未来―』上・下，早川書房，2013年.
［37］池上惇著，佐々木晃彦監修『公営競技の文化経済学』（文化経済学ライブラリー①），芙蓉書房出版，1999年.
［38］池田信夫『日本人のためのピケティ入門』東洋経済新報社，2014年.
［39］伊藤邦武『ケインズの哲学』岩波書店，1999年.
［40］伊東光晴『君たちの生きる社会』筑摩書房，1996年.
［41］伊藤元重『人生で大切なこと』東洋経済新報社，2014年.
［42］井上泰夫編著『日本とアジアの経済成長』晃洋書房，2015年.
［43］猪木武徳『経済学に何ができるか―文明社会の制度的枠組み―』中央公論新社，2012年.
［44］井堀利宏『大学4年間の経済学が10時間でざっと学べる』KADOKAWA，2015年.
［45］宇沢弘文『経済学は人びとを幸福にできるか』東洋経済新報社，2013年.
［46］内山勝利他編『ニコマコス倫理学』（アリストテレス全集　第15巻），岩波書店，2014年.
［47］岡田光正『コンドラチェフ経済動学の世界―長期景気波動論と確率統計哲学―』世界書院，2006年.
［48］小畑二郎『経済学の歴史』慶應義塾大学出版会，2014年.
［49］加藤陽子『それでも、日本人は「戦争」を選んだ』朝日出版社，2009年.
［50］金森久雄他編『経済辞典』第4版，有斐閣，2002年.
［51］北尾吉孝『何のために働くのか』致知出版社，2007年.
［52］経済社会学会編，富永健一監修『経済社会学キーワード集』ミネルヴァ書房，2015年.
［53］ケインズ学会編，平井俊顕監修『危機の中で〈ケインズ〉から学ぶ』作品社，2011年.
［54］ケインズ学会編，平井俊顕監修『ケインズは、〈今〉、なぜ必要か？』

吉田昇三監訳『景気循環論―資本主義過程の理論的・歴史的・統計的分析―』第5巻，有斐閣，1964年.
[28] Sedlacek T. *Economics of Good and Evil,* Oxford University Press, 2011. 村井章子訳『善と悪の経済学』東洋経済新報社，2015年.
[29] Skidelsky R. *Keynes : The Return of the Master,* Public Affairs, 2009. 山岡洋一訳『なにがケインズを復活させたのか？ ―ポスト市場原理主義の経済学―』日本経済新聞出版社，2010年.
[30] Skidelsky R. & Skidelsky E. *How Much is Enough? : Money and the Good Life,* Other Press, 2012. 村井章子訳『じゅうぶん豊かで、貧しい社会　理念なき資本主義の末路』筑摩書房，2014年.
[31] Smith A. *An Inquiry into the Nature and Causes of the Wealth of Nations,* W.Strahan and T.Cadell, 1776. 大河内一男監訳『国富論』中央公論新社，1978年.
[32] Stiglitz J.E. & Walsh C.E. *Economics,* W.W. Norton & Company, 1993. 藪下史郎他訳『スティグリッツ　入門経済学』東洋経済新報社，1994年.
[33] Stiglitz J.E. *Globalization and its discontents,* W.W. Norton & Company, 2002. 鈴木主税訳『世界を不幸にしたグローバリズムの正体』徳間書店，2002年.
[34] Wapshott N. *Keynes Hayek,* Sagalyn Literary, 2011. 久保恵美子訳『ケインズかハイエクか―資本主義を動かした世紀の対決―』新潮社，2012年.
[35] Wasik J.F. *Keynes's Way to Wealth,* McGraw-Hill Education, 2013. 町田敦夫訳『20世紀最高の経済学者ケインズ　投資の教訓』東洋経済新報社，2015年.
[36] Weisman A. *Countdown : Our Last, Best Hope for a Future on Earth?,* The Nicholas Ellison Agency, 2013. 鬼澤忍訳『滅亡へ

社，1973年.
[17] Marcuzzo M.C. *Fighting Market Failure,* Routledge, 2011. 平井俊顕監訳『市場の失敗との闘い』日本経済評論社，2015年.
[18] Marshall A. *Principles of Economics,* Macmillan, 1890. 馬場啓之助訳『マーシャル　経済学原理』東洋経済新報社，1965年.
[19] Meadows D.H. *The Limits to Growth : A Report for The Club of Rome's Project on the Predicament of Mankind,* Universal Books, 1972. 大来佐武郎監訳『成長の限界―ローマ・クラブ「人類の危機」レポート―』ダイヤモンド社，1972年.
[20] Moggridge D. *Keynes,* Macmillan, 1976. 塩野谷祐一訳『ケインズ』東洋経済新報社，1979年.
[21] ―――― *Maynard Keynes : An Economists Biography,* Routledge, 1992.
[22] Myrdal G. *Beyond the Welfare State,* Yale University Press, 1960. 北川一雄監訳『福祉国家を越えて』ダイヤモンド社，1970年.
[23] Piketty T. *Le Capital au XXIè siècle,* Editions du Seuil, 2013. 山形浩生他訳『21世紀の資本』みすず書房，2014年.
[24] Ricardo D. *On the Principles of Political Economy and Taxation,* Vol. 1 of *The Works and Correspondence of David Ricardo,* ed. by Piero Sraffa, Cambridge University Press, 1951. 堀経夫訳『経済学および課税の原理』(デイヴィド・リカードウ全集・第1巻)，雄松堂書店，1972年.
[25] Robbins L.C. *An Essay on the Nature and Significance of Economic Science,* Macmillan, 1932. 小峯敦・大槻忠史訳『経済学の本質と意義』京都大学学術出版会，2016年.
[26] Samuelson P.A. *Economics,* McGraw-Hill Kogakusha, 10th ed., 1976. 都留重人訳『経済学』上・下，岩波書店，1977年.
[27] Schumpeter J.A. *Business Cycles A Theoretical Historical, and Statistical Analysis of the Capitalist Proses,* McGraw-Hill, 1939.

塩野谷祐一訳『雇用・利子および貨幣の一般理論』（ケインズ全集・第7巻），東洋経済新報社，1983年.

[9] ―――― *Essays in Persuasion,* Vol. 9 of *The Collected Writings of John Maynard Keynes,* ed. by The Royal Economic Society, Macmillan, 1972. 宮崎義一訳『説得論集』（ケインズ全集・第9巻），東洋経済新報社，1981年.

[10] ―――― *Essays in Biography,* Vol. 10 of *The Collected Writings of John Maynard Keynes,* ed. by The Royal Economic Society, Macmillan, 1972. 大野忠男訳『人物評伝』（ケインズ全集・第10巻），東洋経済新報社，1980年.

[11] ―――― *Social, Political and Literary Writings,* Vol. 28 of *The Collected Writings of John Maynard Keynes,* ed. by The Royal Economic Society, Macmillan, 1982. 那須正彦訳『社会・政治・文学論集』（ケインズ全集・第28巻），東洋経済新報社，2013年.

[12] Keynes M. (ed.) *Essays on John Maynard Keynes,* Cambridge University Press,1975. 佐伯彰一・早坂忠訳『ケインズ　人・学問・活動』東洋経済新報社，1978年.

[13] Krugman P. & Wells R. *Microeconomics,* Worth Publishers, 2006. 大山道広他訳『クルーグマン　ミクロ経済学』東洋経済新報社，2007年.

[14] ―――― *Macroeconomics,* Worth Publishers, 2006. 大山道広他訳『クルーグマン　マクロ経済学』東洋経済新報社，2009年.

[15] Krugman P. *End This Depression Now!,* W.W.Norton & Company, 2012. 山形浩生訳『さっさと不況を終わらせろ』早川書房，2012年.

[16] Malthus T.R. *An Essay on the Principle of Population, as it affects the future improvement of society, with remarks on the speculations of Mr. Godwin, M. Condorcet, and other writers,* Printed for J.Johnson, 1798. 永井義雄訳『人口論』中央公論新

参考文献

［1］Akerlof G.A. & Shiller, R.J. *Animal Spirits; How Human Psychology Drives the Economy and Why Its Matters for Global Capitalism,* Princeton University Press, 2009. 山形浩生訳『アニマルスピリット』東洋経済新報社，2009年.

［2］Backhouse R.E. & Bateman B.W.（eds.）*Capitalist Revolutionary: John Maynard Keynes,* Harvard University Press, 2011. 西沢保監訳，栗林寛幸訳『資本主義の革命家ケインズ』作品社，2014年.

［3］Baumol W.J. & Bowen W.G. *Performing Arts : The Economic Dilemma,* The MIT Press, 1966. 池上惇・渡辺守章監訳『舞台芸術—芸術と経済のジレンマ—』芸団協出版部，1994年.

［4］Blaug M. *John Maynard Keynes,* Palgrave Macmillan, 1990. 中矢俊博訳『ケインズ経済学入門』東洋経済新報社，1991年.

［5］Chang H.J. *Economics : The User's Guide,* Mulcahy Conway Associates, 2014. 酒井泰介訳『ケンブリッジ式経済学ユーザーガイド　経済学の95％はただの常識にすぎない』東洋経済新報社，2015年.

［6］Hayek F.A. *Contra Keynes and Cambridge,* University of Chicago Press, 1995. 小峯敦・下平裕之訳『ケインズとケンブリッジに対抗して』春秋社，2012年.

［7］Heilbroner R.L. *The Worldly Philosophers,* Simon & Schuster, 1986. 八木甫監訳『世俗の思想家たち—入門経済思想史—』HBJ出版局，1989年.

［8］Keynes J.M. *The General Theory of Employment, Interest and Money,* Vol. 7 of *The Collected Writings of John Maynard Keynes,* ed. by The Royal Economic Society, Macmillan, 1972.

報交換をすることで、自動認識や自動制御、遠隔計測などを行なうこと。

18. **一般相対性理論**（general theory of relativity） → 207頁

アルベルト・アインシュタインが唱えたもので、時間は、重力や速度に影響を受けるために、一定ではなく変化するという理論。$E=mc^2$（E＝エネルギー、m＝重力、c＝速度）が有名。

19. **サブプライム・ローン**（subprime mortgage） → 209頁

通常の住宅ローンの審査に通らない、信用度が低い人向けのローンのこと。

20. **アニマルスピリット**（animal spirits） → 209頁

投資を行なう際に、理性で判断するよりも動物的直感を大事にすること。ケインズが唱えた。もともとは哲学用語で、ルネ・デカルトの『情念論』の中心的概念。

21. **人工知能**（artificial intelligence：ＡＩ） → 209頁

人間と同じ知能を持つようなコンピュータを用いた人工的な技術のこと。将棋や囲碁の世界が有名。

22. **フィンテック**（Fintech） → 209頁

金融（finance）と技術（technology）を融合させた新しい金融サービスのこと。決済、資産管理、融資などの幅広いサービスを取り扱う。主な担い手は、ＩＣＴで優位に立つベンチャー企業。

賃金が支払われること。

8．**オランダ病**（Dutch disease）——→ 198頁

天然ガス輸出により為替レートが上昇すると同時に労働者の賃金上昇も加わり、製造業が国際競争力を失った現象のこと。

9．**ワークシェアリング**（work sharing）——→ 198頁

雇用を拡大するために、労働者の仕事を分かち合うこと。労働時間の短縮を通じて失業者の雇用増大を図る。

10．**非自発的失業**（involuntary unemployment）——→ 199頁

有効需要の不足から、現行の賃金水準で働きたくても働くことができない失業のこと。

11．**累進課税制度**（progressive tax system）——→ 201頁

税率が、課税標準所得に応じて累進的に高くなる税制のこと。

12．**内生的成長理論**（endogenous growth theory）——→ 202頁

教育や訓練といった内生的要因が経済成長を加速させることを計量的に検証した理論。

13．**新古典派成長理論**（neo-classical theory of economic growth）——→ 202頁

新古典派理論による成長モデルで、貯蓄率が資本分配率に等しくなることを黄金律と言う。

14．**派生需要**（derived demand）——→ 204頁

生産要素（労働・資本・土地・原材料）の需要は、最終生産物に対する需要によって派生されるという考え方。

15．**ハイブリッド車**（hybrid vehicle）——→ 205頁

内燃機関であるエンジンと電動機のモーターを動力源とする自動車のこと。

16．**燃料電池車**（fuel cell vehicle）——→ 205頁

搭載した燃料電池で、水素と酸素により発電した電気エネルギーから、電動機であるモーターを回して走る自動車のこと。

17．**ＩｏＴ**（Internet of Things）——→ 205頁

自動車などの様々な物がインターネットに接続され、お互いに情

26. 機会費用（opportunity cost）→ 188頁

ある行動をとったときに放棄しなければならない予想利益のこと。自分のものでも効率的に使うのは、機会費用があるからである。

27. 流動性の罠（liquidity trap）→ 190頁

金利に関係なく、現金需要が無限大に膨らむこと。ゼロ金利政策では、長期預金と現金所有が等しくなるため、投資や消費が低迷し、金融政策の効果がなくなる。

第8章　日本の非正規雇用労働

1．自発的失業（voluntary unemployment）→ 193頁

現行の賃金水準に不満足で、自らが失業を選択すること。

2．摩擦的失業（frictional unemployment）→ 193頁

労働の産業間移動がスムーズに行かないために、一時的に発生する失業のこと。

3．三つの過剰（three excesses）→ 194頁

1990年代に見られた企業の設備、労働、負債といった三つの過剰のこと。

4．労働者派遣法（Worker Dispatching Act）→ 194頁

派遣労働者の雇用の安定と福祉の向上を目的として1986年に施行され、2015年にも改正が行なわれた。

5．セーフティネット（safety net）→ 196頁

人々の所得や雇用などが損なわれたとき、それらを守るために政府などが提供している安全網のこと。

6．厚生年金（employee's pension）→ 196頁

労働者が加入している公的年金制度のこと。国民年金に上乗せして支給される。さらなる企業年金として、厚生年金基金がある。

7．同一労働同一賃金（equal pay for equal work）→ 197頁

パートタイム労働でも同じ仕事をしたら、フルタイム労働と同じ

ウィン進化論の中心概念。

17. **自然選択**（natural selection）→ 178頁

トーマス・ロバート・マルサスから着想を得て、厳しい自然環境が生物全般に進化をもたらすというチャールズ・ダーウィンの主張。突然変異も重要。

18. **カタストロフ**（catastrophe）→ 179頁

自然や社会の大変革により破局に至ること。

19. **マルサスの罠**（Malthus'trap）→ 180頁

食料（所得）よりも人口増加が早い国や家族では、貧困の悪循環が起こり、貧困から抜け出せないこと。

20. **COP21**（Conference of Parties 21）→ 181頁

2015年にパリで開催された、国連気候変動枠組条約第21回締約国会議のこと。2020年以降の地球温暖化対策が合意された。

21. **団塊の世代**（mass generation）→ 183頁

1947年から1949年に生まれたベビーブーム世代のこと。堺屋太一氏の小説『団塊の世代』に由来する。

22. **優生保護法**（eugenic protection act）→ 183頁

優生上の見地から、不良な子孫の出生を防止して母親の健康を保護すること。優生手術、人工妊娠中絶、受胎調節などを規定。

23. **一人っ子政策**（single child policy）→ 183頁

人口抑制のための計画出産のこと。「夫婦に子どもは一人」という中国の政策で、全国人民代表大会で実行に移された。

24. **高福祉高負担**（high welfare for high burden）→ 185頁

スウェーデンなどの北欧社会で見られるように、税負担を重くして福祉予算を手厚くすること。

25. **ファイナンシャル・プランナー**（financial planner）→ 187頁

個人から提供された情報により、将来の資金計画などを行なう職業人のこと。

7．ジェンダー問題（gender issues）→ 172頁

性に関する偏見や不平等のこと。途上国は先進国に比べてジェンダー格差が大きい。

8．国連ミレニアム宣言（United Nation Millennium Declaration）→ 173頁

2000年９月８日に、国連総会で採択されたもので、「価値と原則」など八つの章からなる。

9．パクス・ロマーナ（Pax Romana）→ 174頁

ローマによる平和で、ローマ帝国の五賢帝時代のことを指す。エドワード・ギボンが『ローマ帝国衰亡史』の中で述べた言葉。

10．空想社会主義者（utopia socialist）→ 175頁

ロバート・オーエンなどの社会主義的思想を持った人々のこと。教育や慈善などにより資本主義の諸問題が解決できると考えた。

11．幾何級数的増加（geometrical growth）→ 176頁

幾何級数的（1,2,4,8,16,……）［等比級数的］に増加していくこと。マルサスによれば、人口は25年ごとに２倍ずつ増大する。

12．算術級数的増加（arithmetical growth）→ 176頁

算術級数的（1,2,3,4,5, ……）［等差級数的］に増加すること。マルサスによれば、食料は25年ごとに緩やかにしか増加しない。

13．人間の完成可能性説（perfectibility of man）→ 177頁

ニコラ・ド・コンドルセの説で、医療の改善や生活方法の進化などにより、人間は限りなく長寿になるというもの。

14．自然神学（natural theology）→ 177頁

キリスト教の真理性を、啓示ではなく、人間の理性で証明しようとする神学のこと。

15．ミクロ・コスモス（micro cosmos）→ 178頁

マクロ・コスコス（宇宙）と対比して、人間のことをこう呼ぶ。人間には想像力が備わっており、小宇宙を形成する。

16．生存競争（struggle for existence）→ 178頁

個体は生存のために闘い、適応できない個体は淘汰される。ダー

37. **個人金融資産**（household financial asset） ――→ 164頁

家計部門が所有する金融資産。2015年度の日本の個人金融資産は約1,700兆円となっている。

38. **年金財政**（pension financing） ――→ 164頁

公的年金の財政収支のこと。個人、企業、政府、運用益からの収入と年金支出とのバランスが大事である。

39. **構造改革**（structural reforms） ――→ 165頁

様々な社会問題を表面的に変えるのではなく、社会の構造全体を変革すべきだということ。

第7章　世界の人口問題

1．**人口転換理論**（population transition theory） ――→ 169頁

人口動態率の歴史的変化を経済発展による社会変革と結びつける理論。多産多死から多産少子を経て少産少死に至る。

2．**人口爆発**（population explosion） ――→ 171頁

第二次世界大戦後に途上国で見られた爆発的な人口増加のこと。

3．**家族計画**（family planning） ――→ 172頁

夫婦が健康や経済状況を勘案して、計画的に出産の回数や間隔を調整すること。

4．**持続可能な開発**（sustainable development） ――→ 172頁

経済発展と環境保全の両立を考慮した開発のこと。

5．**エンパワーメント**（empowerment） ――→ 172頁

人間の潜在能力や可能性を湧き出させること。ムハマド・ユヌスのマイクロクレジットによる女性支援が有名。

6．**リプロダクティブ・ヘルス/ライツ**（reproductive health and rights） ――→ 172頁

国際人口開発会議で提唱された性と生殖に関する健康と権利のこと。すべての男女が持つ人権の一部。

27. **借換債**（refunding bonds）→ 155頁

国債の満期に償還財源として新たに発行される国債のこと。

28. **機関投資家**（institutional investors）→ 157頁

証券投資を主な業務とする法人のこと。年金基金、生命保険、損害保険などが該当。

29. **量的緩和政策**（quantitative monetary easing policy）→ 157頁

「日銀の当座預金残高」という資金量の操作を通じて、金融市場の調整（金融緩和）を行なうこと。

30. **マンデル＝フレミング・モデル**（Mundell-Fleming model）→ 157頁

ＩＳ＝ＬＭモデルに海外部門を取り入れた開放マクロモデルのこと。財政政策の有効性に疑問を呈する。

31. **貨幣数量説**（quantity theory of money）→ 160頁

貨幣量の変化が物価水準を比例的に変化させるとする説。アーヴィング・フィッシャーの「ＭＶ＝ＰＴ」が有名（Ｖ＝貨幣の流通速度、Ｔ＝実質国民所得）。

32. **ＧＤＰギャップ**（GDP gap）→ 160頁

潜在ＧＤＰと実際のＧＤＰとの差のこと。この値が負であれば、デフレ・ギャップと言われ、不況をもたらす圧力となる。

33. **実質賃金**（real wages）→ 161頁

名目賃金を物価指数で除して求めるもので、実質の賃金価値のこと。

34. **財政ファイナンス**（money financed fiscal policy）→ 162頁

国が発行した国債などを中央銀行が直接引き受けること。日本では、財政法により禁止されている。

35. **シニア世代**（senior generation）→ 164頁

65歳以上の高齢者を指す言葉だが、かなり幅広く使われている。体力や気力に優れ、金銭的にも恵まれている世代のこと。

36. **賦課方式**（assessment plan）→ 164頁

一定期間（１年）で、収支のバランスをとる方式のこと。医療保険や公的年金などに用いられる。

17. 国債格付け（debt rating） ──→ 149頁

格付け会社が、国が発行する債券の健全性を判断するもの。元本償還と利払いの確実性などを勘案してアルファベットで表記する。

18. 社会保障費（social security） ──→ 149頁

国民が病気や失業、老齢のために貧困に陥った際、給付や援助が受けられる公的保障の年間合計額。

19. マーストリヒト条約（Maastricht Treaty） ──→ 149頁

欧州連合の創設を定めた条約のことで、1992年に調印された。単一通貨ユーロの創設などが決定された。

20. ドーマーの条件（Domar's theorem） ──→ 150頁

基礎的財政収支が均衡している場合には、名目経済成長率が名目金利よりも高ければ財政破綻は起こらないとする説。

21. 名目成長率（nominal rate of growth） ──→ 151頁

名目ＧＤＰの相対変化率のこと。

22. ネバダ・レポート（Nevada Report） ──→ 151頁

2001年に、ＩＭＦが日本の財政破綻をシミュレーションした破産処理計画。

23. 自己資本比率（equity ratio） ──→ 153頁

自己資本を総資本で割った比率。この値が高いと、収益性などの面で有利である。

24. 取り付け（run upon a bank） ──→ 153頁

多数の預金者が一時に預金の払い戻しをすること。

25. 最後の貸し手（lender of last resort） ──→ 153頁

中央銀行のこと。金融機関が支払い不能になった場合に、最後の貸し手として救済に乗り出す。

26. インフレ・ターゲット政策（inflation targeting policy） ──→ 154頁

中央銀行が健全なインフレ率を設定して金融政策を実施すること。現時点（2016年）では、日本の目標は２％のインフレ率である。

がある。納税義務者と担税者が一致しない税を間接税と言う。

8．**赤字企業**（deficit firm） → 144頁

ある期間に、収入よりも支出が上回る企業のこと。現在、日本の企業の約70%が赤字企業となっている。

9．**必要経費**（necessary expenses） → 145頁

収入を得る際、直接的または間接的に必要とした費用のこと。販売費や管理費などが該当。

10．**配偶者控除**（exemption for spouse） → 145頁

所得の少ない家庭の主婦などのために、納税者本人の税負担能力を引き下げる制度のこと。

11．**源泉徴収制**（withholding at source system） → 146頁

所得の支払者が、便宜的に税額を徴収して税務署に納付する制度のこと。

12．**所得捕捉率**（income capture rate） → 146頁

税務署が各業種の所得金額をどの程度把握しているかを示す割合のこと。クロヨン（9・6・4）などとも呼ばれる。

13．**特例国債**（deficit-financing bond under special legislation） → 148頁

1965年に臨時的措置として、税収の補填に発行を許可された国債。1975年からは特別立法により特例として発行され続け、今日に至る。

14．**福祉元年**（first year for welfare era） → 148頁

1973年に、田中内閣が提唱した社会福祉政策のこと。老人医療費の無料化などが実施された。

15．**福祉国家**（welfare state） → 148頁

政府が国民の福祉の向上を目指して、積極的に公共財や公共サービスなどの提供を行なう国家のこと。

16．**大衆民主主義**（popular democracy） → 149頁

普通選挙より一般大衆が政治に参加し、福祉の充実などを要求すること。政治が大衆の人気取りの様相を呈するようになる。

43. ゼネラル・ストライキ（general strike） ―――→ 136頁
全国の主要産業の労働者が一斉に行なうストライキで、経済活動を一時的にまったく麻痺させるもの。

44. 食糧安全保障（food security） ―――→ 137頁
国の安全保障を食糧の面から考察した概念のこと。食糧生産、食糧供給、食糧輸入などを総合して考える必要がある。

45. ＩＣＴ（Information and Communication Technology） ―――→ 138頁
ネットワーク通信を利用した情報や知識の共有をベースにした概念のこと。情報化社会で有用な技術となっている。

第6章　日本の財政と金融

1．赤字財政（deficit finance） ―――→ 141頁
歳出の不足部分を公債や借入金で補う財政のこと。

2．国債費（national debt service payment） ―――→ 141頁
国債の償還や利払いなどに必要な経費のこと。国債の大量発行により国債費は増大し、歳出の24％を占めている（2016年度予算）。

3．租税負担率（tax burden ratio） ―――→ 143頁
国民所得に対する国全体の税収の割合のこと。

4．夜警国家（night watchman state） ―――→ 143頁
国家の目的は、個人の自由や財産を守ることにあり、それ以外のことは各自で行なうとする考え方。安価な政府とも言う。

5．租税三原則（principle of tax） ―――→ 144頁
税制が準拠する一般基準のこと。一般には、公平、中立、簡素などの租税原則がとられる。

6．申告納税制（self-assessed taxation system） ―――→ 144頁
納税者の申告により納付すべき税額が確定する制度のこと。

7．直接税（direct tax） ―――→ 144頁
納税義務者と担税者が一致する税のことで、所得税や法人税など

れた。国際経済動向や貿易などの分析・検討を行なう。

34. GATT（General Agreement on Tariff and Trade）→ 131頁

加盟国間での自由な貿易を促進するため、1945年に設立された。

35. WTO（World Trade Organization）→ 132頁

1995年に、貿易の障害となるものを交渉（ラウンド）により取り除き、自由貿易の維持拡大を目的として設立された国際機関。

36. ドーハ・ラウンド（Doha Round）→ 132頁

2001年に、カタールのドーハで開催されたWTOが主催する多角的貿易交渉のこと。農産物や鉱工業分野で交渉が決裂し、未だ決着していない。

37. FTA（Free Trade Agreement）→ 132頁

特定の国や地域での関税や規制の撤廃を行ない、商品やサービスの流通を自由にする協定。

38. EPA（Economic Partnership Agreement）→ 132頁

商品やサービスの流通のみならず、知的財産権や投資の競争政策など、様々な経済分野で連携を進めるために複数の国で締結される協定。

39. TPP（Trans-Pacific Partnership）→ 133頁

環太平洋地域の諸国が、関税などの完全撤廃を目指して、経済連携を進める協定。EPAの一つ。

40. 従量税（specific duties）→ 133頁

課税標準を数量におき、税率を金額で示す税のことで、酒税などがある。関税では円/kgなどと表示される。

41. ミニマム・アクセス（minimum access）→ 133頁

ウルグアイ・ラウンドで導入された最低輸入量の考え方。ここで、コメの輸入数量制限が撤廃された。

42. 従価税（ad valorem duties）→ 134頁

課税標準を金額で定めた税のことで、関税ではパーセントで表示される。円安になれば税額が増大する。

24. **購買力平価説**（theory of purchasing power parity）→ 124頁

為替レートは、長期的には、各国通貨の対内購買力の比率によって決定されるという説。グスタフ・カッセルが唱えた。

25. **デリバティブ**（derivatives）→ 124頁

基礎となる資産から派生した契約のことで、金融派生商品とも言う。実物資産の将来にわたる価格変動をヘッジするための契約。

26. **テクニカル分析**（technical analysis）→ 124頁

過去の株価の動きを分析し、株価変動の形態を求め、将来の株価予想に用いること。

27. **プラザ合意**（Plaza Accord）→ 125頁

1985年に、ドル高による貿易赤字と財政赤字解消のため、先進5カ国の蔵相と中央銀行総裁がニューヨークのプラザホテルに集まり、為替レートの安定化（ドル高是正）について合意したもの。

28. **第四次中東戦争**（Fourth Arab-Israeli War）→ 126頁

アラブ諸国とイスラエルによる戦争。1973年、アラブ諸国は石油戦略として、1バレル＝約3ドルから約12ドルに引き上げた。

29. **スタグフレーション**（stagflation）→ 126頁

スタグネーションとインフレーションとの合成語で、不況下の物価上昇を指す。1970年代のインフレと失業の同時発生が有名。

30. **爆買い**（a shopping spree）→ 127頁

中国人などによる派手な買い物のこと。

31. **ビザ**（visa）→ 129頁

査証。旅券の有効性を示すための証書のこと。

32. **クチコミ**（word of mouth）→ 129頁

口頭による情報のやり取りのことで、仲間内での効果が大きい。バイラル・マーケティングはその手法を用いる。

33. **ＯＥＣＤ**（Organization for Economic Cooperation and Development）→ 131頁

国際経済の発展と安定のために協議する機関で、1961年に設立さ

14. 国際復興開発銀行（International Bank for Reconstruction and Development：IBRD） ──→ 119頁

戦争などにより被害を被った国へ、復興と開発のために長期の資金を融資する国際金融機関。

15. ニクソン・ショック（Nixon Shock） ──→ 120頁

1971年８月15日、アメリカのニクソン大統領が、突然ドルと金の交換を停止したこと。

16. スミソニアン体制（Smithsonian System） ──→ 120頁

1971年12月、スミソニアン博物館で金１オンスを38ドル、１ドルを308円とした合意のこと。

17. 変動為替相場制（floating exchange rate system） ──→ 120頁

国際収支の調整を目的に、外国通貨の売買を自由に行なう制度のこと。1973年以降、主要国はこの制度に移行した。

18. 要素価格（factor price） ──→ 121頁

労働や資本などの生産要素に対して支払われる賃金や利子などのこと。

19. ファンダメンタル要因（fundamentals factor） ──→ 121頁

証券の実体的要因によって投資の価値を判断すること。企業実績、産業動向、景気動向、金利、政治などがある。

20. アセット要因（assets factor） ──→ 121頁

為替相場を決定する内外金融資産間の要因のこと。外国の金融資産が上昇すると外貨の為替相場は上昇する。

21. 貿易収支（balance of trade） ──→ 122頁

商品などの輸出・輸入の収支のこと。

22. サービス収支（balance of service） ──→ 122頁

運輸・通信・サービスなどの収支のこと。

23. 経常移転収支（balance of current transfer） ──→ 122頁

贈与や無償援助など、資金の一方的移転のうち、相手国の資本形成とならないもの。

4. **絶対劣位**（absolute inferiority）→ 115頁
各国の競争力を価格で比較し、一国があらゆる商品の生産で高価格になること。

5. **パクス・ブリタニカ**（Pax Britannica）→ 117頁
世界の工場として中心的役割を担うことで、イギリスによる平和が実現したこと。主に、1850年から1870年までを指す。

6. **金本位制**（gold standard）→ 118頁
中央銀行が発行した紙幣と同額の金を保管し、金と紙幣との兌換を保証したもの。

7. **兌換**（conversion）→ 118頁
中央銀行が銀行券と金の交換を約束すること。

8. **管理通貨制度**（managed currency standard）→ 118頁
中央銀行が金と紙幣を交換せず、通貨発行量を自由に管理する制度のこと。

9. **保護貿易主義**（protectionism）→ 118頁
国内産業を保護・育成するために、政府が外国との貿易を管理すること。

10. **ブロック経済**（block economy）→ 118頁
複数の国が集まって一つの経済圏を構成すること。1930年代には帝国主義的ブロック圏が形成された。

11. **ブレトン・ウッズ会議**（Bretton Woods Conference）→ 119頁
1944年、連合国の代表がアメリカのブレトン・ウッズに集まり、戦後の通貨体制を協議した会議のこと。

12. **固定為替相場制**（fixed exchange rate system）→ 119頁
金本位制での外国為替相場で、為替変動を認めないか、わずかの為替変動しか認めないこと。

13. **国際通貨基金**（International Monetary Fund：IMF）→ 119頁
貿易収支の改善のために、資金不足に陥った国に短期の融資を行なう国際連合の専門機関。

12. **太陽黒点説**（sunspot theory）→ 105頁
ジェヴォンズが唱えたもので、約11年周期で好不況が発生する。太陽黒点数が増加すると不況になる（太陽黒点数と景気は逆相関の関係）。

13. **パンデミック**（pandemic）→ 106頁
ペストなどの伝染病が全国的・世界的に大流行すること。スペイン風邪のように、流行が複数の国や地域に広がり、患者や死者が増大する。

14. **マウンダー極小期**（Maunder Minimum）→ 106頁
1640年代から1710年代にかけて、太陽の黒点が観察されず、地球全体が寒冷化した時期のこと。農作物の不作、飢餓、ペストの流行などが発生した。

15. **ダルトン極小期**（Dalton Minimum）→ 109頁
1790年ごろから1830年ごろまで続いた地球が寒冷化した時期のこと。産業革命によるコンドラチェフの第一波が始まった。

第5章　国際貿易を考える

1．**可処分所得**（disposable income）→ 112頁
所得から税金などを除いた処分し得る所得のこと。

2．**絶対優位**（absolute advantage）→ 114頁
各国の競争力を価格で比較し、一国が低価格で生産できる商品に優位性を見出すこと。

3．**比較優位**（comparative advantage）→ 115頁
各国が、相対的に低い生産費で生産すること。その商品に特化し、他の商品の生産は相手国に任せる形で国際分業を行ない、貿易を通じて特化した商品を相互に交換すれば、各国はお互いに利益を得る。

2．**景気動向指数**（diffusion index） ――→ 93頁

景気の転換点を捉えるための指数のこと。在庫率などの先行指数、生産稼動率などの一致指数、完全失業率などの遅行指数がある。

3．**在庫投資**（inventory investment） ――→ 94頁

一定期間内での製品などの売れ残りのこと。

4．**設備投資**（equipment investment） ――→ 94頁

機械やプラント設備などに対する投資のこと。

5．**住宅投資**（housing investment） ――→ 95頁

住宅の購入などに資金を投入すること。

6．**失われた20年**（lost two decades） ――→ 98頁

1991年から2011年にかけての日本経済の長期低迷のこと。バブル崩壊、アジア通貨危機、金融不安、リーマン・ショックなどが原因。

7．**傾斜生産方式**（priority production system） ――→ 98頁

戦後の復興を確実なものにするために、産業の基盤である石炭と鉄鋼を重点的に生産する方式のこと。

8．**所得倍増計画**（income-doubling plan） ――→ 98頁

1960年に池田内閣で発表された長期計画で、10年間で国民所得を２倍にする（年成長率を7.2％にする）というもの。

9．**第一次石油ショック**（first oil crisis） ――→ 99頁

1973年に発動されたアラブ産油国による石油価格戦略のこと。石油価格が約４倍に上がったため、世界経済は大混乱に陥った。

10．**アジア通貨危機**（Asian financial crisis） ――→ 99頁

1997年から始まったタイ、インドネシア、韓国などの金融危機のこと。ヘッジ・ファンドによる通貨の空売りが原因。

11．**イノベーション説**（innovation theory） ――→ 100頁

経済の進歩は技術革新から生まれるという考え方。シュンペーターの新結合（新商品、新生産方法、新市場、新資源、新組織）が有名。

うな行動をとると、社会全体では良くない結果となること。

44. 万有引力の法則（law of universal gravitation） ——→ 86頁

地上の物質は地球の中心に引き寄せられる。あるいは、すべての物質は互いに引き寄せ合うということ。

45. 錬金術師（alchemist） ——→ 86頁

鉛などの卑金属から金などの貴金属につくり変える人のこと。または、人間を不老不死にすることができる人のこと。

46. 南海バブル事件（South Sea Bubble） ——→ 86頁

1920年1月に100ポンドの南海会社の株価が、6月には1050ポンドにまで上昇し、8月には200ポンドに暴落した事件のこと。バブルの語源となる。

47. マギ（magi） ——→ 87頁

『マタイ福音書』に出てくる三博士のこと。キリスト誕生を知り、黄金・乳香・没薬の贈り物を届けた。

48. トリニティ・カレッジ（trinity college） ——→ 87頁

ケンブリッジのカレッジの一つで、キリストの三位一体説からきている。アイザック・ニュートンやバートランド・ラッセルなど著名人を輩出する。

49. ダニエル書（Daniel） ——→ 88頁

『旧約聖書』の中の一つ。預言者ダニエルが様々な謎解きを行ない、終末論を論じる。

50. ヨハネの黙示録（Revelation） ——→ 88頁

『新約聖書』の中の一つ。使徒ヨハネが地球と人類の終末を預言したもの。「七つの封印」を解く構成になっている。

第4章　景気はどう動くか

1. 投資の二重効果（dual effect of investment） ——→ 92頁

投資には、生産力創出効果と有効需要創出効果があること。

で使われた。

35. **ゼロ金利**（zero-interest rates） → 79頁

コール市場に大量の資金を供給し、「無担保コール翌日物金利」をゼロに近い金利に誘導すること。

36. **マイナス金利**（negative interest rates） → 79頁

日銀にある当座預金の金利をマイナスにする政策のこと。市中銀行には、企業へ融資を増やすことが求められる。

37. **トレード・オフ**（trade-off） → 80頁

好きなゴルフをすれば研究時間が減るなど、あちらを立てればこちらが立たないこと。失業率を下げようとすれば、賃金上昇率や物価上昇率が高くなる（フィリップス曲線）。

38. **貯蓄のパラドックス**（paradox of savings） → 80頁

個人の貯蓄行為が消費の減退を招き、最終的に国民所得を低下させることから、全体としての貯蓄も減少すること。

39. **新自由主義**（neo-liberalism） → 82頁

競争市場の中で、価格の自由な動きを信頼する考え方のこと。ミルトン・フリードマンやフリードリヒ・ハイエクのものが有名。

40. **自生的秩序**（spontaneous order） → 82頁

ハイエクが唱えた概念で、社会秩序は試行錯誤により自生的に生まれたというもの。設計主義に反対し、法の支配と市場経済を擁護した。

41. **総需要管理政策**（aggregate demand management policy） → 82頁

政府が総需要の管理や調整を行ない、完全雇用などの政策目標を達成しようとすること。

42. **社会的共通資本**（social common goods） → 83頁

義務教育、自然環境整備、社会制度など、人間らしい生活を維持するための公共財のこと。

43. **合成の誤謬**（fallacy of composition） → 84頁

個人としては合理的で正しい行動であっても、多くの人がそのよ

25. **クラウディング・アウト** (crowding out) ――→ 74頁

国債発行による資金需要の高まりが市中金利を上昇させ、民間の資金需要を締め出すこと。

26. **ＩＳバランス論** (investment-saving balance) ――→ 74頁

一国全体の投資と貯蓄の関係。貯蓄超過（Ｓ－Ｉ）は、政府財政赤字（Ｇ－Ｔ）と貿易黒字（Ｘ－Ｍ）に反映される。

27. **経常収支** (balance of current account) ――→ 74頁

国際収支の重要な一部分で、資本収支と区別される。貿易収支、サービス収支、所得収支、経常移転収支からなる。

28. **投入** (input) ――→ 76頁

生産活動で用いられる財やサービスのこと。生産要素としては、労働・資本・原材料などが挙げられる。

29. **資本の生産性** (productivity of capital) ――→ 76頁

ある期間に投入された資本がどの程度の生産物を産出するかを見るもの。生産効率を示す値。

30. **経済成長率** (rate of economic growth) ――→ 76頁

国内総生産（ＧＤＰ）の年間増加率のこと。4半期ごとのデータが発表されている。

31. **イノベーション** (innovation) ――→ 76頁

例えば、ロボットや情報通信などの技術革新のこと。

32. **労働の生産性** (productivity of labour) ――→ 77頁

ある期間に投入された労働がどの程度の生産物を産出するかを見るもの。

33. **顕示的消費** (conspicuous consumption) ――→ 78頁

自分の社会的地位の高さや財産の大きさを誇示するための消費。ベンツなどの輸入高級車の購入。

34. **アノミー** (anomie) ――→ 78頁

人々の欲求が高まりすぎると、欲求と価値との齟齬が生じ、不満・幻滅・焦燥などが生まれる。エミール・デュルケームの『自殺論』

的な投資を言う。

15. **45度線図：ケインジアン・クロス**（Keynesian Cross）→ 67頁
サミュエルソンが開発したケインズによる国民所得決定図のこと。45度線で示されることからこの名前がある。

16. **消費関数**（consumption function）→ 68頁
消費と所得の関数関係を示す。

17. **限界消費性向**（marginal propensity to consume）→ 68頁
所得を1単位追加したときに、どれだけ消費されるかを示したもの。ΔC/ΔYで示される（ΔC＝消費増分、ΔY＝所得増分）。

18. **乗数**（multiplier）→ 68頁
独立投資を増やしたときに、国民所得がどのくらい増大するかを表わしたもの。投資乗数の値は、1／（1－限界消費性向）で示される。

19. **貯蓄関数**（saving function）→ 68頁
貯蓄と所得の関数関係を示す。

20. **限界貯蓄性向**（marginal propensity to save）→ 68頁
所得を1単位追加したときに、どれだけ貯蓄されるかを示したもの。ΔS/ΔYで示される（ΔS＝貯蓄増分、ΔY＝所得増分）。

21. **超過需要**（excess demand）→ 69頁
供給量を上回る需要量の超過分のこと。

22. **超過供給**（excess supply）→ 69頁
需要量を上回る供給量の超過分のこと。

23. **ＩＳ＝ＬＭ曲線**（IS=LM curve）→ 72頁
財市場と金融市場の均衡を示すもので、交点で均衡利子率と均衡国民所得が求められる。

24. **ポリシー・ミックス**（policy mix）→ 73頁
財政政策や金融政策を複合的に用いることで、物価の安定や国際収支の均衡などの政策目標を達成すること。

4．**三面等価の原則**（principle of equivalent of three aspects）→ 63頁
国民所得の測定法には生産・分配・支出の三つの方法があり、どの方法でも国民所得の値は等価であること。

5．**キャピタル・ゲイン**（capital gain）→ 64頁
あらゆる資産の価格変動からもたらされる利益のことで、資本利得とも呼ばれる。損失のことは、キャピタル・ロスと言う。

6．**名目国民所得**（nominal national income）→ 65頁
国民所得を貨幣単位で表わしたもので、物価変動分を調整していないもの。

7．**物価指数**（price index）→ 65頁
様々な商品やサービスの価格を加重平均した指数のこと。ラスパイレス式など、様々な算定方式がある。消費者物価指数や企業物価指数が有名。

8．**実質国民所得**（real national income）→ 65頁
名目国民所得を物価指数で調整したもの。

9．**国民総所得**（Gross National Income：GNI）→ 65頁
国民総生産（ＧＮＰ）と同じものを所得の面から見たもの。

10．**国民総生産**（Gross National Product：GNP）→ 65頁
国民が、ある期間に生産した価値の合計。国内総生産（ＧＤＰ）に海外からの要素所得を加え、海外への要素所得を控除したもの。

11．**国内総生産**（Gross Domestic Product：GDP）→ 65頁
国内で、ある期間に生産した価値の総額。

12．**国民総支出**（Gross National Expenditure：GNE）→ 66頁
国民総生産（ＧＮＰ）と同じものを支出の面から見たもの。

13．**内部留保**（retained earnings）→ 67頁
利益の中で配当などに回さず、企業内部に残した部分のこと。社内留保とも言う。

14．**独立投資**（autonomous investment）→ 67頁
公共投資などのように、国民所得に依存しない投資のこと。外生

27. **等費用線**（equal cost curve）→ 49頁

生産要素の購入費用が等しい点の軌跡のこと。

28. **等産出量曲線**（isoquant）→ 49頁

一定の産出量を生み出すために必要な生産要素投入が最小となる組み合わせの軌跡のこと。

29. **労働の限界生産力**（marginal productivity of labour）→ 50頁

労働1単位の追加によって得られる生産物のこと。一般的に限界生産力は逓減する。

30. **資本の限界生産力**（marginal productivity of capital）→ 50頁

資本1単位の追加によって得られる生産物のこと。

31. **需要の価格弾力性**（price elasticity of demand）→ 50頁

価格が1％変化したとき、需要が何％変化するかを見るもの。需要の変化率／価格の変化率で表わされる。

32. **供給の価格弾力性**（price elasticity of supply）→ 50頁

価格が1％変化したとき、供給が何%変化するかを見るもの。供給の変化率／価格の変化率で表わされる。

第3章　マクロ経済学のおもしろさ

1. **生産国民所得**（national income produced）→ 62頁

生産された付加価値の合計のこと。生産総額から中間投入部分を引いた残余を付加価値と言う。

2. **分配国民所得**（national income distributed）→ 62頁

分配面から捉えられた国民所得。生産された国民所得は、労働者への賃金や企業家への利潤などに分配される。

3. **支出国民所得**（national income expended）→ 62頁

支出面から捉えられた国民所得。分配された国民所得は、消費と投資に支出される。一般には、民間消費＋民間投資＋政府支出＋純輸出となる。

15. 総費用（total cost） → 47頁

各生産量において可能な総生産費のうち最小のもの。

16. 固定費用（fixed cost） → 47頁

生産量に関係なく、一定額の支払いを必要とする費用のこと。地代、工場の賃貸料などがある。

17. 可変費用（variable cost） → 47頁

生産量の増加により増減する費用のこと。賃金、原材料費、電気代、機械の維持費などを指す。

18. 限界費用（marginal cost） → 47頁

生産量1単位の増加に伴う総費用の増加分のこと。

19. 平均費用（average cost） → 47頁

総費用を生産量で割ったもので、生産物1単位の費用のこと。

20. 平均可変費用（average variable cost） → 47頁

可変費用を生産量で割ったもので、生産物1単位の可変費用のこと。

21. 操業停止点（shut-down point） → 48頁

価格が平均可変費用と等しくなる点のこと。生産を停止したほうが良いと判断される。

22. 損益分岐点（beak-even point） → 48頁

利益がゼロとなる点のこと。価格と可変費用が等しくなる点で示される。

23. 限界収入（marginal revenue） → 48頁

販売量1単位の増加に伴う収入の増加分のこと。

24. 平均収入（average revenue） → 40頁

総収入を販売量で割ったもので、販売物1単位の収入のこと。

25. 限界収入＝限界費用（MR＝MC） → 49頁

企業にとって利潤極大の生産量を示す条件。

26. 不完全競争（imperfect competition） → 49頁

企業が市場において何らかの独占的要素を持つこと。独占や寡占などの状態がある。

5. **参入と退出**（entry and exit）→ 41頁
市場への参入と退出のこと。参入時のコストを回収できるかどうかが退出の自由を決める。

6. **同感**（sympathy）→ 41頁
他人から非難を受ける行動は避け、是認を受ける行動をすること。

7. **公平な観察者**（impartial spectator）→ 41頁
内面化された第三者の視点のこと。自分にしてもらいたくないことは他人にもしない。

8. **利己心**（self-interest）→ 41頁
自分の境遇を改善しようとする各人の絶えざる自然的努力のこと。ルールに基づいた自己利益（効用や利潤）の追求。

9. **予算制約式**（budget constraint）→ 43頁
一定の所得の中で、購入できる商品やサービスの総額のこと。

10. **無差別曲線**（indifference curve）→ 44頁
同じ効用や生産量を与える商品の組み合わせを曲線として描いたもの。原点に対して凸、お互いに交わらないなどの性質を持つ。

11. **需要曲線**（demand curve）→ 45頁
商品の価格と需要との関係を曲線として描いたもの。需要を価格の関係として示したものを需要関数と言う。

12. **価格・消費曲線**（price consumption curve）→ 45頁
予算と他の商品の価格を一定とし、ある商品の価格を変化させた際の消費の動きを示す曲線のこと。

13. **供給曲線**（supply curve）→ 46頁
商品の価格と供給との関係を曲線として描いたもの。供給を価格の関係として示したものを供給関数と言う。

14. **生産関数**（production function）→ 46頁
資本や労働などの生産要素と生産との技術的関係を関数Y＝f（K，L）で示したもの。ただし、Yは生産量、Kは資本量、Lは労働量。

14. **市場の失敗**（market failure）→ 27頁

経済過程全般の自動調整機能を旨とする価格メカニズムが有効に機能しないこと。公共財や情報の非対称性などが代表。

15. **美人投票**（beauty contest）→ 34頁

美人コンテストでは、自分の意見ではなく、多くの人の意見を予想して投票する。ケインズは、株式市場でも大衆の意見に従うことを説いた。

16. **ポートフォリオ**（portfolio）→ 35頁

金融資産を持つ場合、バランスを考慮して適切に配分すること。もともとは書類入れを意味した。

17. **裁定取引**（arbitrage）→ 35頁

市場において、時間差ではなく価格差を利用して利益を得ること。同じ商品なら、安く買って高く売る。

第2章　ミクロの世界をのぞく

1．**囚人のジレンマ**（prisoner's dilemma）→ 39頁

ゲーム理論で、個人の最適化戦略が結果として全体の最適化戦略とはならないことを言う。二人の囚人の残念な行動と結果。

2．**完全競争**（perfect competition）→ 40頁

完全条件を持つ市場状況のこと。多数、プライス・テイカー、同質、完全情報、参入・退出の自由などの特徴を持つ。

3．**価格の自動調整機能**（a self-adjustment function of price）→ 40頁

完全競争市場において、需要と供給が価格を自動的に一致させること。アダム・スミスの「神の見えざる手」。

4．**プライス・テイカー**（price taker）→ 41頁

完全競争市場での経済主体の行動のことで、価格を所与として受け取る。独占市場の場合はプライス・メーカーとなる。

5. **所得の再分配**（income redistribution）→ 20頁

租税や社会保障制度を用いて所得の平準化を行なうこと。低所得者の限界消費性向は高いので、消費の拡大が期待できる。

6. **インセンティブ**（incentive）→ 24頁

各経済主体の動機や誘因のこと。例えば、成果主義型報酬制度を導入すれば、やる気が出るとも言われる。

7. **独占**（monopoly）→ 25頁

売り手が一人（一社）の状態のこと。独占価格が設定されるために、完全競争価格より高くなる。

8. **情報の非対称性**（asymmetry of information）→ 25頁

取引される商品やサービスの情報が売り手と買い手で異なること。例えば、中古車市場を考えるとよいだろう。

9. **逆選択**（adverse selection）→ 25頁

情報が非対称の場合、優良な顧客ではなく質の劣る顧客とばかり取引をしてしまうこと。保険や融資などでよく発生する。

10. **モラル・ハザード**（moral hazard）→ 25頁

例えば、保険をかけているために、住宅火災や交通事故を誘発すること。道徳的危険とも言う。

11. **外部効果**（external effect）→ 25頁

市場を通さず経済に影響を及ぼすこと。農業などのように人々に有益であることを外部経済と呼ぶ。

12. **公共財**（public goods）→ 26頁

公園のように、対価を支払わなくても排除原理が成立しないもの。さらに、多くの人が消費しても全体の量が変化しない非競合性を併せ持つ。

13. **フリー・ライダー**（free-rider）→ 26頁

公共財のように、自分に与える便益を過少に見積もり、費用負担を回避すること。タダ乗りとも言う。

付録

学びなおしのための経済学キーワード集

本書で出てきた経済学のキーワードを、筆者なりに概ね50字程度で簡潔に説明しておく。本書を一通り読み切って学習したうえで、このキーワードの内容を知れば、経済学がもっとよく理解できることは間違いない。キーワードの英語表記も併せて掲載しておいたので、英語文献を読むときにも役立たせてほしい。また、本当に忙しくて時間のない社会人は、このキーワード集を読んでから、学びなおしをスタートしてもよいであろう。

第1章　われわれの住んでいる経済社会

1．ギブ・アンド・テイク（give and take） → 15頁
あらゆる取引は、与えるから与えられる。ギブせずしてテイクしてはならない。働かざるもの食うべからず（聖書）。

2．合理的選択（rational selection） → 17頁
物事をしっかり認識し、比較考量して、正しい選択をすること。経済学の中心思想。

3．人的資本（human capital） → 19頁
労働者に具体化している技能や熟練のこと。教育や訓練を施せば、労働者の資質が上がり、生産性が向上する。

4．付加価値（value added） → 19頁
生産において新たに付加された価値のこと。すべての付加価値を国全体で合計すれば、国内総生産（ＧＤＰ）となる。

中矢俊博（なかや　としひろ）
南山大学経済学部教授（経済学博士）。1949年生まれ。名古屋市立大学経済学部卒業、南山大学大学院経済学研究科博士後期課程単位取得。神戸大学経済学部客員研究員、ロンドン大学教育研究所客員研究員、ケンブリッジ大学経済政治学部客員研究員を経て現職。
著書や翻訳書として『ケンブリッジ経済学研究』『入門書を読む前の経済学入門』『天才経済学者たちの闘いの歴史』（以上、同文舘出版）、『経済教育の大切さ』（近代文芸社）、『やさしい経済学史』（日本経済評論社）、『ケインズ経済学入門』（翻訳、マーク・ブローグ著、東洋経済新報社）など多数。

イチからわかる
学《まな》びなおし経済学《けいざいがく》

2016年7月1日　初版発行

著　者　中矢俊博

発行者　吉田啓二

発行所　株式会社日本実業出版社　東京都文京区本郷3－2－12 〒113-0033
大阪市北区西天満6－8－1 〒530-0047
編集部　☎03-3814-5651
営業部　☎03-3814-5161　振　替　00170－1－25349
http://www.njg.co.jp/

印刷／厚徳社　製本／共栄社

この本の内容についてのお問合せは、書面かFAX（03－3818－2723）にてお願い致します。
落丁・乱丁本は、送料小社負担にて、お取り替え致します。

ISBN 978-4-534-05402-9　Printed in JAPAN

日本実業出版社の本

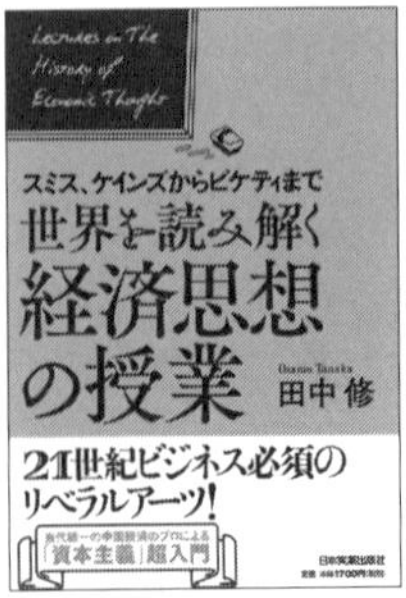

スミス、ケインズからピケティまで

世界を読み解く経済思想の授業

田中　修

定価 本体 1700円（税別）

あらゆる経済理論には歴史的文脈がある。経済学は危機に対処する人間の思想に他ならない。現代中国経済のスペシャリストが問う歴史＋政策＋理論の合成としての経済思想をつかめる１冊。経済ニュースも本書を読めばもっと深くわかる！

アダム・スミス、リカード、マルクス、マーシャルから、シュンペーター、ケインズ、フリードマンまで

最強の「経済理論」集中講義

藤田康範

定価 本体 1500円（税別）

アダム・スミスからフリードマンまで、「最強」の経済学者７人の代表的著作をもとに、経済学のエッセンスをコンパクトに凝縮。「なぜ働いても豊かになれないのか」をテーマに、各教授が“講義形式”で、初学者でもわかるように、やさしく解説。

黄金の相場予測2016

覚醒する大円高

若林栄四

定価 本体 1500円（税別）

株式市場や為替市場が2015年末から風雲急を告げて乱高下しているなか、ゴッドハンド・若林栄四が、2016年とそれ以降の相場の「時期と水準」を詳細に予測する最新刊。2022年までの新たな長期予測も初公開。後付けの経済評論とは一線を画す待望の書。

定価変更の場合はご了承ください。